EN NOMBRE PROPIO
Ejercer el trabajo sexual con derechos

Una propuesta de despenalización e inclusión en el Derecho del Trabajo y de la Seguridad Social

Josune Delgado

Sindicato Organización de Trabajadoras Sexuales OTRAS

COORDINACIÓN DEL PROYECTO:
Belén Drake (Sindicato Organización de Trabajadoras Sexuales OTRAS)

AUTORAS:
Josune Delgado y Sindicato Organización de Trabajadoras Sexuales OTRAS

PORTADA:
Isaac Alonso

MAQUETACIÓN:
Taller de diseño Traficantes de sueños

EDICIÓN:
Sindicato Organización de Trabajadoras Sexuales OTRAS y Sueños de sabotaje

ISBN: 978-84-124417-4-1
Depósito Legal: M-20210-2025

EN NOMBRE PROPIO
Ejercer el trabajo sexual con derechos

Una propuesta de despenalización e inclusión en el Derecho del Trabajo y de la Seguridad Social

Josune Delgado

Sindicato Organización de Trabajadoras Sexuales OTRAS

NOTA EDITORIAL:

El trabajo sexual es ejercido sobre todo por mujeres, personas con sexualidades disidentes y queer. También lo ejercen, en menor medida, hombres. Entendemos por mujeres y hombres a todas aquellas personas que se identifiquen con dichas categorías. Este libro está escrito en femenino por ser mujeres el grueso de quienes ejercen el trabajo sexual. No obstante, pedimos que se entiendan las palabras "trabajadora sexual", "puta" y "prostituta" de forma incluyente, abarcando tanto 'os' como 'es'.

ÍNDICE

PRÓLOGO I
HA LLEGADO EL MOMENTO: DERECHOS LABORALES PARA LAS TRABAJADORAS SEXUALES

AFEMTRAS[1], CATS[2], FULGOR[3] y Putxs en lucha[4]

Y fue ignorancia o desconocimiento de sus derechos lo que, un día de verano, llevó a Lucía a pedirle a la gestora de su trabajo en la limpieza que le cambiara el miércoles tal por el domingo cual, para poder acudir a la cita de renovación de su DNI que estaba caducado. Ella trabajaba de lunes a sábado y no los domingos: había empezado ese mes a hacer una sustitución por vacaciones en el extrarradio de Madrid. Era nueva en el trabajo y la cita de renovación (9:00 a.m.) la había sacado dos meses antes de conseguir este empleo con horario que se contraponía con el de la cita.

Resulta que estamos ante una paradoja: es posible renovar el documento fuera del horario. Técnicamente es así, pero en la práctica no lo es tanto. Aunque las comisarías disponibles imparten horarios de citas y alguna vez podemos escogerlas, hay circunstancias en las que nos las vemos con ciertas realidades, como por ejemplo el tener dos trabajos que cubrir, turnos partidos, hijos, responsabilidades familiares, etc. Las realidades son circunstancias que se muestran complejas y es así que la clase trabajadora

---

1. Asociación Feminista de Trabajadoras del Sexo, para el apoyo, crecimiento y fortalecimiento mutuo, nacida en Madrid en 2015. https://www.instagram.com/afemtras/

2. Comité de Apoyo a las Trabajadoras del Sexo, asociación de utilidad pública nacida en Murcia en 2002. https://www.asociacioncats.es/

3. FULanes de Granada Organizades, es un colectivo de trabajadoras/es sexuales en distintas modalidades que coinciden en la ciudad de Granada. https://www.instagram.com/colectivofulgor/

4. Putxs en Lucha, "colectivo de trabajadorxs sexuales en lucha por el reconocimiento de nuestros derechos". https://putxsenlucha.wordpress.com

nos encontramos con cierta dificultad en el momento de cumplir con una obligación, como mantener vigente el documento nacional de identidad sin perder por ello dinero, ya que no hay un derecho explícito al permiso retribuido para cumplir con la misma. Y, si lo hubo, a través de los años ¿en qué momento éste se perdió? El Estatuto de los Trabajadores expresamente no lo recoge y el convenio colectivo que rige para el sector, en este caso el de la limpieza, tampoco, porque parece confiarse en la flexibilidad de las empresas ante las necesidades del trabajador.

Cosa distinta es cuando eres autónoma y no trabajas para terceros. Lucía, como compañera trabajadora sexual callejera —el sector autónomo por excelencia en el trabajo sexual—, dueña y administradora de su tiempo, eso lo hubiera más que resuelto, ya que su capacidad de agencia le permite flexibilizar sus horas en la calle, como acostumbramos muchas. No deja de ser curioso, pues, el hecho de que existan vaguedades legislativas y encrucijadas —como la mencionada en los párrafos anteriores— en actividades que sólidamente sí están reconocidas por el derecho laboral. Mas no así sucede en el caso del ejercicio del trabajo sexual. Nuestra actividad está atravesada por un sesgo moral, prejuicios y unos etcéteras que han impedido un abordaje serio muy necesario para su reconocimiento y, por consecuencia, para el reconocimiento de los derechos de todas las personas que ejercemos —por las razones que sean— el trabajo sexual. Un reconocimiento que nos ampare y nos proteja de las dinámicas explotadoras, de toda suerte de abusos, y de tantas violencias, como la institucional que ahora mismo estamos viviendo con la aplicación de leyes punitivas como la llamada Ley de Seguridad Ciudadana que, junto a ordenanzas municipales, criminalizan la prostitución callejera. Las trabajadoras sexuales callejeras como Lucía, sufren el daño colateral de estas normativas al ocupar el espacio público, ya que dichas normas consiguen no solamente condenarnos aun más a la pobreza de la que muchas provenimos, sino aumentar el estigma y promover el desprecio social hacia nosotras con agresivas campañas mediáticas —financiadas con dinero público.

En nuestro día a día nos encontramos con este desprecio social que hace que trabajemos sometidas a indefensiones todavía más graves si comparamos con lo que ocurre en otros trabajos, estos sí reconocidos legalmente. Una ley que por fin nos reconozca como trabajadoras, nos permitirá salir del dualismo absurdo por el que, gracias a la simplificación de cualquier caricatura —o estigma—, ante la sociedad ocupamos o el extremo de la víctima o el de la delincuente. Como puntal de la arquitectura de la figura de la prostituta-criminal, encontramos al criminólogo italiano Cesare Lombroso[5], para quien la "facilidad" con la que aceptamos el desprecio de la sociedad nos convierte en mujeres desnaturalizadas, exentas de pudor. La indiferencia ante tal desprecio —sinónimo de la culpa con la que el heteropatriarcado controla los cuerpos de las mujeres para asegurar su pertenencia exclusiva a un hombre—, haría de las trabajadoras sexuales una categoría opuesta e irreconciliable a la de las madres. Para el criminólogo, la conducta de las prostitutas no corresponde a circunstancias socioeconómicos, sino a factores innatos y esencialistas. Así desde muy pronto la ciencia eurocéntrica sirvió como fundamento con el que justificar la criminalización de las malas mujeres, al igual que sirvió de herramienta ideológica al colonialismo.

Ya en el s.XXI, se siguen empleando argumentos de apariencia científica, esta vez en el campo de la psicología y de la mano de Melissa Farley[6], autora que, por otro lado, ha sido señalada por la comunidad académica por la falta de rigor de sus estudios. Farley escoge sus muestras de forma sesgada o, partiendo de sus presuposiciones, añade hechos —como un abuso sexual en la infancia— para que las conclusiones encajen en sus hipótesis estigmatizantes. Para Farley, serían los traumas lo que nos habría impelido al trabajo sexual. De esta forma el polo opuesto, el de la víctima, se escribe siguiendo las mismas premisas que el de la criminal: las malas mujeres somos seres poco evolucionados, con una inteligencia abstracta y emocional inferior a la media, que nos vemos arrastradas por factores irracionales e incontrolables.

Estas teorías serían puramente anecdóticas si no fuera por el tremendo impacto que tienen en nuestra cotidianeidad, concretamente en la atención sanitaria y psicológica, donde el estigma siempre acecha, revestido de ciencia. Por ello puede que la propia trabajadora del sexo guarde silencio sobre su actividad, por miedo a ser juzgada, tratada indebidamente o retratada para siempre en su expediente médico. Pero sobre todo, puede que el profesio-

---

5. Cesare Lombroso y Guglielmo Ferrero, *La mujer delincuente, la prostituta y la mujer normal*, Roma, Editori L. Roux, 1893.

6. Melissa Farley, Howard Barkan, "Prostitution, Violence, and Posttraumatic Stress Disorder", *Women & Health* núm. 27, 1998, págs. 37-49.

nal —médico, trabajador social o psicólogo— busque la causa de nuestras dolencias y malestares en nuestro trabajo, olvidando que nuestra identidad y actividad laborales son sólo una parte de nuestra existencia. De ahí el peligro de diagnósticos no acertados y por tanto de tratamientos inadecuados que hagan mella en nuestra salud física y mental; así como de actitudes de salvación y reeducación que, impuestas desde el clasismo y la autoridad del profesional reconocido, golpean nuestros autoconcepto y autoestima.

Quienes desde un feminismo paternalista intentan criminalizar la prostitución y boicotean el acceso de las trabajadoras sexuales a derechos laborales, están, paradójicamente, contribuyendo a que persistan la explotación y los abusos tan frecuentes en el sector. A la clase trabajadora no se le protege con el código penal, sino con la legislación laboral. Para ello es imprescindible que nuestros representantes se atrevan a reconocer que el trabajo sexual es, efectivamente, un trabajo —uno especial que requiere, por tanto, una protección específica— y que comiencen a garantizar derechos laborales básicos como los contemplados en esta propuesta. Que una ley nos reconozca legalmente como trabajadoras nos otorga, a nivel simbólico, un estatuto de igualdad para con el resto de la ciudadanía. Lo que implica, por consiguiente, el derecho a la salud y a una atención sanitaria adecuada.

Ha llegado el momento, tenía que ser así: en lo tocante a la lucha por los derechos de las trabajadoras sexuales, la madurez que vamos adquiriendo a través de la autoorganización es la que está haciendo posible que, gracias a un órgano sindical creado por trabajadoras sexuales, seamos nosotros quienes propongamos la piedra angular para la construcción de un marco jurídico despenalizador y proderechos. Como bien apunta el cuerpo coordinador de esta Propuesta de Ley, la misma "tiene carácter pragmático" y, con ello aclaran que "no pretenden realizar un juicio de valor acerca de si el trabajo sexual es moral o inmoral [por lo que], emitir un juicio en abstracto solo entorpece la búsqueda de soluciones y empeora la situación de las/os trabajadoras/es del sexo". ¡Sí señor! Aun así, aquí no caben las medias tintas, las putas sindicadas hemos venido a meter el dedo por todos lados, allí donde se deba, tocando los palos posibles, cubriendo sectores que comprenden el amplio abanico del trabajo sexual. Para ello, recurrimos al Estatuto de los Trabajadores, a lo que ya hay y a lo que necesita inclusión; a la "Ley de prevención de riesgos laborales"; a la Seguridad Social, proponiendo cotizaciones, liquidación, mejoras de prestaciones de desempleo y jubilación, señalando similitudes y equiparando nuestro trabajo con otras actividades especiales ya reconocidas, etc. Revisamos el Código Penal, señalando lo que hay que derogar y lo que hay que añadir e incluir. La Ley de Extranjería tampoco se escapa, ya que impide el derecho a migrar y además fomenta la discriminación, la explotación y la inseguridad, que comienzan en las fronteras. También abordamos aquellas legislaciones con efectos restrictivos y proponemos derogar artículos de leyes injustas para "garantizar los derechos humanos y los derechos fundamentales de las personas trabajadoras sexuales".

Hoy por hoy, toda la clase trabajadora no solo necesita formación profesional, sino también formación sindical. Solo así podremos garantizar que los derechos conquistados no queden olvidados en algún cajón de la memoria, sino que se apliquen de manera efectiva para evitar vacíos y desprotecciones como los que sufrió Lucía con su renovación. Es de obligado señalamiento que este libro no es más que, como ya se ha dicho antes, la piedra angular de un ordenamiento jurídico del trabajo sexual en el Estado español. Como dicen desde el grupo promotor de este trabajazo, no "va a solucionar de forma automática todos los problemas creados por el sistema capitalista", pero sí al menos "es un punto de partida" para un fenómeno que es muy amplio y complejo, "por eso, exigir derechos para todas es un compromiso necesario para la mejora del punto de partida".

Estamos ante una propuesta que no es solamente un texto técnico o un recopilatorio de derechos pendientes. Es, ante todo, una herramienta contra el estigma, la criminalización y el abandono social e institucional. Es un grito antirracista, porque no podemos hablar de despenalización sin señalar a la Ley de Extranjería como uno de los principales dispositivos de violencia hacia las compañeras migrantes. Y es un llamado antipunitivista porque sabemos que el incremento del control policial nunca ha sido sinónimo de más seguridad para nosotras.

Queremos que las personas trabajadoras sexuales dejemos de ser ciudadanas de segunda, que nuestras voces dejen de ser ignoradas, y que el estigma y los abusos pasen a ser cosa del pasado. Por eso, celebramos esta iniciativa pionera en nuestro país, que merece ser tenida en cuenta, y de la que, estamos convencidas, se hablará en los libros de historia. Celebramos, cargadas de esperanza, la publicación de esta propuesta legislativa de despenalización, que deberá, creemos, ocupar un lugar central en el debate político y jurídico del país. No solo desde las instituciones sino también en la amplitud de los movimientos sociales. Te invitamos a que corras la voz, háblalo en tu asamblea, llévala a tu club de lectura, informa a tus vecinas y pasa la palabra de las putas allá donde puedas.

Los colectivos aquí presentes tenemos en común la convicción de que el trabajo sexual es un trabajo que se ejerce y se seguirá ejerciendo. Lo que está en juego no es su existencia, sino las condiciones en las que lo realizamos: en la clandestinidad, castigadas o con derechos. Por eso, apostar por un marco legal proderechos y de despenalización es, sin duda alguna, elegir la justicia social.

PRÓLOGO II
FUERZA Y RESISTENCIA
PARA 'LAS OTRAS'

Concha García, Cristina Garaizábal, Mamen Briz
y Toñi Genaro formaron parte, como otras muchas
personas, del Colectivo Hetaira (1995–2019)

La fuerza de las organizaciones empeñadas en defender los derechos de quienes ejercen el trabajo sexual es inversamente proporcional a las resistencias sociales y políticas que han de vencer. Lo conocemos de primera mano. Lo sabe bien el sindicato OTRAS (Organización de Trabajadoras Sexuales). El 14 de agosto de 2018 se publicó en el BOE la resolución de la Dirección General de Trabajo en la que se anunciaba su constitución. Se trataba del primer sindicato conformado exclusivamente por trabajadoras y trabajadores del sexo, y era un paso importantísimo para avanzar en derechos en nuestro país.

La reacción no se hizo esperar. El Ministerio de Trabajo inició inmediatamente el trámite de impugnación —a pesar de que el derecho a sindicarse, un derecho fundamental, está recogido en la Constitución Española[7]— y el 21 de noviembre la Audiencia Nacional decretó la nulidad de los estatutos del sindicato. OTRAS se enfrentó, nada más nacer, a una fuerte campaña de difamación. Pero no estuvieron solas: contaron siempre con el apoyo de las organizaciones pro derechos[8], y continuaron con su trabajo. Tres años después, el Tribunal Supremo se vio obligado a anular la impugnación.

---

7. Mamen Briz y Cristina Garaizábal, "Hablemos de derechos, no de goles", *elDiario.es*, 1 de septiembre de 2018: https://www.eldiario.es/opinion/tribuna-abierta/hablemos-derechos-goles_129_2755470.html

8. "Hetaira con las trabajadoras del sexo y con OTRAS", comunicado de prensa, 4 de septiembre de 2018: https://elestantedelaciti.wordpress.com/2018/09/06/hetaira-con-las-trabajadoras-del-sexo-y-con-otras/

La autoorganización fortalece a las trabajadoras del sexo, tanto individual como colectivamente, y mejora su capacidad de responder a situaciones de violencia y abuso, tanto en la vida social como en la laboral.[9] Mitigar el aislamiento y el estigma que impregnan sus vidas es fundamental. "Nadie vive mejor sin derechos", como repetíamos en Hetaira.

Esto es lo que pretende OTRAS: que trabajadoras y trabajadores del sexo, en cualquiera de las modalidades de la industria del sexo entre adultos —porno y contenido audiovisual, prostitución por cuenta propia o ajena, *webcamers, stripers, poledance,* baile erótico— puedan contar con herramientas para protegerse y poder denunciar situaciones de explotación laboral.

Las legislaciones pueden dejar a determinadas personas o sectores fuera, pero ya ha habido experiencias en diferentes países como para poder hacer balance y evaluación, quedarse con lo más acertado y estudiar cómo enfrentarse a los nuevos retos que puedan presentarse.

Seguir negando la normalización del trabajo sexual es un problema de voluntad política, basado en hipótesis moralistas, sexistas, clasistas y racistas. No en vano impacta fundamentalmente en mujeres CIS y trans, en mujeres pobres, en migrantes… Acabar con la Ley Mordaza y las ordenanzas municipales criminalizadoras sería el primer paso.

Somos realistas: una normalización del trabajo sexual y la consecución de derechos laborales y sociales tampoco acabará de un plumazo con el principal problema: el estigma. Aunque sí ayudará a atenuárlo. Terminar con él requerirá de mucha paciencia y de mucha pedagogía dirigida al conjunto de la población. Y esta parte nos tocará hacerla siempre a las activistas proderechos. Sin embargo, la visión de la sociedad cambiará con el aumento de derechos: saber que simplemente decidieron ejercer en algún momento de sus vidas, sin estar presionadas para cumplir condiciones inaceptables —imposición de prácticas o clientes, por ejemplo—, o que cuentan con prevención de riesgos laborales y convenios colectivos que las protegen; que las migrantes tienen permisos de trabajo y residencia; que el Estado prioriza los locales autogestionados y las cooperativas de trabajado-

---

9. La Alianza Global contra la Trata de Mujeres, organización de la que formaba parte Hetaira, acababa de publicar en enero de 2018 el estudio "Trabajadoras sexuales organizándose para el cambio: autorrepresentación, movilización comunitaria y condiciones laborales": https://www.gaatw.org/publications/SWorganising/Spain-web.pdf.

ras sexuales; o que quienes cuentan con antecedentes penales en violencia de género y trata jamás podrán conseguir licencias para abrir locales en la industria del sexo...

Ayudaría también a vencer el estigma el que las instituciones visibilizaran y celebraran días internacionales como el 2 de junio, Día Internacional de las Prostitutas o el 17 de diciembre, Día Internacional para la Eliminación de la Violencia contra las Trabajadoras del Sexo. Y que las campañas de sensibilización, alejadas del sensacionalismo, estuvieran centradas en el respeto al trabajo sexual.

Lo más destacable del libro que tienes entre las manos, *En nombre propio,* es que ha sido elaborado a partir de encuentros y entrevistas con quienes ejercen trabajo sexual en sus diferentes modalidades, y que conocen, mejor que nadie, sus necesidades. Derechos laborales, sociales y económicos es lo que reivindican desde hace ya muchos años trabajadoras y trabajadores del sexo en nuestro país. También exigen ser sujetas activas en todas las políticas públicas que se pongan en marcha.

No contar con su experiencia, negarles su voz y no escuchar sus reivindicaciones tiene un nombre: discriminación. Y también supone ser cómplices de las situaciones de desprotección que sufren. No obstante, muchas personas seguiremos practicando un feminismo basado en la solidaridad, en la escucha y en reconocernos las unas en las otras, independientemente de a lo qué nos dediquemos. Porque la normalización del trabajo sexual compete a los feminismos, a los derechos humanos y a la justicia social y beneficiará a toda la sociedad, tirando por la borda prejuicios, miedos y moralinas.

Todo nuestro apoyo, siempre, a OTRAS.

PRESENTACIÓN
MÁS ALLÁ DE LA MORAL: REALIDAD

"El trabajo sexual es… ¡Tanto trabajo! Como para sobrecargarlo con nuestras morales heredadas."
Nina Linda Porn, Kali Sudhra[10]

El objetivo de este estudio/trabajo es elaborar una posible solución jurídica para el trabajo sexual en el Estado español desde y para las personas trabajadoras del sexo.

La aproximación realizada tiene carácter pragmático: cómo hacer para mejorar la situación de las personas que se dedican al trabajo sexual y garantizar sus derechos. No pretendemos realizar un juicio de valor acerca de si el trabajo sexual es moral o inmoral. Emitir un juicio en abstracto solo entorpece la búsqueda de soluciones y empeora la situación de personas que ejercen el trabajo sexual. El trabajo sexual existe, aunque se prohíba. Es un trabajo más que se realiza bajo las mismas lógicas del 'trabajar para sobrevivir' que el resto de profesiones: no hay trabajo que se ejerza por gusto y voluntad, sino que generalmente trabajamos porque necesitamos sobrevivir. Todo lo que el trabajo sexual tiene de indigno respecto al resto de profesiones es consecuencia de que quienes lo ejercen de forma libre y voluntaria no tengan derechos laborales, de seguridad social, económicos y sociales. Es necesario que el trabajo sexual se considere un trabajo más.

Esta es una propuesta de despenalización del trabajo sexual y de su inclusión en el ordenamiento jurídico laboral y de la Seguridad Social. Proponemos descriminalizar el trabajo sexual y su entorno, reconocer la dimensión laboral de la profesión, y desbloquear así el acceso a los dere-

---

10. Nina Linda Porn, Kali Sudhra, *Putas migras*, Chiapas/Valencia, OnA ediciones, 2020.

chos económicos, sociales y laborales de las personas trabajadoras del sexo. Junto con estas medidas es preciso reivindicar también una derogación de la normativa de extranjería que añade una capa más en la criminalización de las personas que se dedican al trabajo sexual.

Somos conscientes de que exigir derechos no es la revolución, ni que tampoco soluciona de forma automática todos los problemas. Pero tener derechos laborales, económicos y sociales es una herramienta que nos permite luchar a todas en mejores condiciones. Por eso, exigir derechos para todas es un compromiso necesario para mejorar el punto de partida.

Es curioso cómo, desde ciertos feminismos, se apunta a la dignidad de las mujeres para desacreditar nuestra profesión y reconducirnos al buen camino. Se olvidan, así, de que para muchas personas mantener relaciones sexuales con personas desconocidas no supone un problema de ningún tipo. Bajo esa premisa de dignidad tratan de retorcer el concepto de fuerza de trabajo. Absolutamente todas las personas que ejercen una profesión u oficio ponen su cuerpo y su mente a disposición de esa actividad. No se venden a sí mismas, como algunas personas pretenden que hacemos las profesionales del sexo. Pues bien, parafraseando a nuestra compañera Ninfa —puta callejera desde hace 30 años—, si lo que se considera indigno es que utilicemos nuestros genitales, nuestra sexualidad para ejercer nuestro trabajo, a lo que se está apuntando realmente es a que la esencia de la mujer —lo que hay que preservar a toda costa— está entre sus piernas, y esa premisa es profundamente patriarcal.

En su ansia de justificar su imaginario e ideología, terminan apoyando aquella idea que dicen combatir: el único valor, la importancia de la mujer está en la sexualidad. Con esto en mente, es más fácil entender por qué hay un afán de hablar de prostitución y no de trabajo sexual, por qué el resto de las modalidades que forman parte del trabajo sexual no se mencionan o por qué las legislaciones prohibicionistas y/o abolicionistas obvian completamente a los hombres que ejercen la prostitución.

Queremos aclarar este punto: trabajo sexual es un término que engloba todas aquellas modalidades laborales en el sector de la industria del sexo entre y para adultas/os.

Esta propuesta legislativa pretende dar cobertura a todas esas modalidades:
- Porno y contenido audiovisual para adultas/os
- Dominación y/o prácticas bdsm

- Prostitución (por cuenta propia y por cuenta ajena)
- Webcamers
- Stripers / poledance / baile erótico

INTRODUCCIÓN

Estas páginas son fruto del trabajo coordinado por el sindicato OTRAS. Queremos contar como es posible diseñar un sistema proderechos de las personas trabajadoras del sexo en el marco del ordenamiento jurídico del Estado español existente, analizar los obstáculos jurídicos y demostrar que, si no se legisla, es por un problema meramente moral y clasista. Este informe está hecho por y para el colectivo de personas trabajadoras sexuales. Para su elaboración se han realizado encuentros y entrevistas con trabajadoras y trabajadores del sexo pertenecientes a todos los diferentes sectores existentes, que han supervisado la propuesta y participado en su elaboración.

El trabajo sexual es ejercido sobre todo por mujeres, personas con sexualidades disidentes y queer. También lo ejercen, en menor medida, hombres. Entendemos por mujeres y hombres a todas aquellas personas que se identifiquen con dichas categorías. El texto está escrito en femenino por ser mujeres el grueso de quienes ejercen el trabajo sexual. No obstante, pedimos que se entiendan las palabras trabajadora sexual, puta y prostituta de forma incluyente.

El texto cuenta con tres partes. La Parte I pretende hacer un resumen de la situación jurídica histórica y actual, de la problemática de las fronteras y normas de extranjería, del estigma y de los modelos legales para abordar el trabajo sexual existentes. La Parte II realiza un análisis del ordenamiento jurídico vigente acerca del trabajo sexual, así como de las posibilidades que dicho ordenamiento deja abiertas para incluir este trabajo dentro del Derecho del Trabajo y de la Seguridad Social. La Parte III expone y comenta la propuesta proderechos y antipunitivista del sindicato OTRAS para el ejercicio del trabajo sexual con derechos.

PARTE I
PUNTO DE PARTIDA

I. DE DÓNDE VENIMOS Y DÓNDE ESTAMOS

A. HISTORIA

En el Estado español los planteamientos del ordenamiento jurídico frente a la prostitución han variado en numerosas ocasiones. Podemos fechar el inicio de la inclusión de dicha actividad en la normativa en el s.XIII, momento en el que su ejercicio se consideraba como un «mal social inevitable» al que había que «por lo tanto, reglamentar por el bien común, permitiendo evitar pecados y excesos mayores y defender el orden social establecido, pero no prohibir».[11]

Tras siglos de permiso, el trabajo sexual se prohíbe oficialmente durante el reinado de Felipe IV mediante dos Pragmáticas dictadas en los años 1623 y 1661. La primera de ellas establecía que «de aquí en adelante en ninguna ciudad, villa ni lugar de estos reinos se pueda permitir ni permita mancebía, casa pública, donde mujeres ganen con sus cuerpos»[12]. La segunda ordenaba el «Recogimiento de las mujeres perdidas [las prostitutas] de la Corte y su reclusión en la Galera»[13].

El código penal español de 1822 tipificó como delito la prostitución clandestina en sus artículos 535 y 542. Posteriormente el Código Penal de 1848, en su artículo 357, no tipificaba la prostitución en sí, sino que culpaba al que "habitualmente o con abuso de autoridad facilitare la prostitución o

---

11. Ángel Pulido Fernández, *Bosquejos médico sociales para la mujer*, Madrid, Imprenta a cargo de Victor Saiz, 1876, pp. 115-116.

12. José María González Del Río, *El ejercicio de la prostitución y el derecho del trabajo*, Albolote (Granada), Editorial Comares, 2013.

13. José Deleito y Piñuela, *La mala vida en la España de Felipe IV*, Madrid, Espasa-Calpe, 1967. Jean-Louis Guereña, "Los orígenes de la reglamentación de la prostitución en la España contemporánea. De la propuesta de Cabarrús (1792) al Reglamento de Madrid (1847)", *Dynamis*, núm. 15, 1995, págs. 401-441.

corrupción de menores de edad para satisfacer los deseos de otro", y parecía remitir a que la actividad fuese controlada por "unos reglamentos de policía en lo concerniente a mujeres públicas".

Las reglamentaciones desarrolladas por las autoridades de la ciudad de Madrid, el "Reglamento para la represión de los excesos de la prostitución" (1847), junto con las de Zaragoza en 1845, fueron de las primeras en aparecer. Para entender mejor las políticas públicas de criminalización del trabajo sexual heredadas, hablaremos del Reglamento de la ciudad de Madrid. En el mismo las prostitutas eran clasificadas en "rameras" y "mancebas", las primeras eran las que se prostituían con más de un hombre y las segundas las que convivían con un hombre sin estar casadas.[14] Este Reglamento toleraba el ejercicio del trabajo sexual pero sujeto a obligaciones para las prostitutas, y sin reconocerles ningún derecho. No obstante, no todo trabajo sexual estaba permitido. Las rameras de primera especie, que eran las prostitutas de calle, que se prostituían "en parajes más o menos públicos" eran perseguidas y privadas de libertad en centros correccionales.[15] Asimismo, estas reglamentaciones tenían un claro enfoque punitivista y estigmatizante. Exigían registros especiales en los que debían inscribirse las trabajadoras sexuales (artículos 25 a 32), así como controles médicos a los que tenían que someterse.[16] Llegaban hasta a regular aspectos relativos a

---

14. "Reglamento para la represión de los excesos de la prostitución", Jefe Superior Político Patricio de la Escosura, Imprenta de Corrales y Compañía, Salón del Prado, núm. 8, Madrid, 1847. Artículo 2.

15. Las rameras de primera 'especie' eran fundamentalmente las prostitutas de calle, que como siempre, eran las más criminalizadas y perseguidas. El castigo, si eran detectadas ejerciendo su profesión, era la privación de libertad. Concretamente el *Reglamento para la represión de los excesos de la prostitución* de la ciudad de Madrid decía lo siguiente:
«Artículo 7. Las rameras naturales de Madrid comprendidas en la misma especie serán detenidas por el espacio de un mes en la casa correccional de que se tratará mas adelante, la primera vez que sean habidas; por tres meses la segunda; y entregadas a los tribunales, la tercera, como incorregibles.
Artículo 8. Las rameras de la primera especie que no sean naturales de Madrid serán conducidas por tránsitos de justicia a los pueblos de su naturaleza, la primera vez que sean habidas; sufrirán arresto de tres meses en la casa correccional, la segunda, y al terminarse volverán a ser conducidas a los pueblos de su naturaleza.
Si reincidiesen por tercera vez, serán entregadas a los tribunales por incorregibles.»

16. Ibídem. Artículos 63 a 68. El artículo 75 disponía que aquella mujer que hubiera transmitido una enfermedad venérea a un cliente podía ser condenada a pena de arresto e incluso a la expulsión de la ciudad.

su vida privada prohibiendo, por ejemplo, que viviesen en compañía de un hombre, aunque fuera su padre, hermano, marido, o sus hijos mayores de siete años (artículos 38, 40 y 41). Se restringía su libertad de circulación y movimiento estableciendo las horas y los motivos por los que podían salir de casa, la vestimenta y la actitud que debían adoptar[17], y se les prohibía sentarse en las calles y plazas durante el paseo (artículo 51). El artículo 25 reconocía el derecho de las prostitutas a solicitar salir del registro "en cualquier tiempo que desee abandonar su mala vida". Las mujeres o tenían dueño —marido o padre— o eran públicas, consideradas malas mujeres. No parecía haber otra alternativa posible.

A principios del s.XX comenzaron a aplicarse planteamientos abolicionistas por parte de las instituciones del Estado español, como consecuencia de los compromisos internacionales asumidos. En 1902 se creó el Real Patronato para la Represión de la Trata de Blancas[18] que prácticamente equiparaba la prostitución voluntaria a la trata de mujeres.

Durante la II República imperó la posición abolicionista y en 1935 se derogó toda la normativa reglamentaria relativa a la prostitución considerándose ilícita como medio de ganarse la vida.[19]

Con la llegada del régimen franquista, la prostitución fue reglamentada nuevamente y no fue hasta 1956 que se volvió a dar un giro abolicionista, otra vez impulsado por los compromisos e intereses internacionales del Estado español. En 1941 se restableció por decreto la regulación de la prostitución a través de reglamentaciones cuyo cumplimiento era competencia policial. El discurso teológico-moral de la dictadura rescató la doctrina del mal menor[20] y como cuenta Gema Nicolás Lazo, «una hipócrita doble moral

---

17. Ibídem. Artículo 49: «Se permite a las rameras toleradas salir de su casa durante el día, pero solo para atender a sus negocios si los tienen, de ningún modo para pasear por las calles. Las salidas de día han de hacerlas en traje decente, con esclusión de los que por su rareza o deshonestidad puedan causar escándalo.»

18. Gema Nicolás Lazo, *La reglamentación de la prostitución en el Estado español. Genealogía jurídico-feminista de los discursos sobre prostitución y sexualidad*, tesis doctoral, Barcelona, Departament de Dret Penal i Ciéncies Penals, Universitat de Barcelona, 2007, pág. 407.

19. La normativa fue derogada por el Decreto de 28 de junio de 1935, que en su artículo 1 estipulaba: «Queda suprimida la reglamentación sobre la prostitución, el ejercicio de la cual no se reconoce en España como medio lícito de vida».

20. Gema Nicolás Lazo, *op. cit.*, pág. 582.

se implantó con fuerza en un país que proclamaba por todos sus rincones la moralidad y la decencia, mientras proliferaban locales de prostitución donde se reunía *la créme de la créme* del régimen»[21]. Nos detendremos un poco más en este momento histórico por ser el inmediatamente anterior a la situación jurídica actual del trabajo sexual, además de ser el sustrato de una ideología sobre la mujer, el sexo y las formas de abordar el trabajo sexual que perdura en el ordenamiento jurídico del Estado español.

El Patronato de Protección a la Mujer[22] realizó cuatro recomendaciones en su *Memoria* de 1942 que devinieron las directrices para la política franquista frente a la prostitución: «La prostitución pública, la visible, debía ser prohibida por su injusticia y su escándalo público. La prostitución privada, es decir, la invisible, debía ser reglamentada exhaustivamente. La prostitución clandestina debía perseguirse y sancionarse, y finalmente, se debía redimir a las mujeres prostitutas consideradas "mujeres caídas"[23]». De esta manera, la prostitución se abordaba a través de reglamentaciones locales (ordenanzas) cuyo objetivo era tolerarla pero salvaguardando la moralidad, lo que implicaba la persecución de la prostitución clandestina y la callejera. Las prostitutas de los burdeles registrados debían permanecer encerradas y controladas en los mismos, pero su existencia era tolerada. Las condiciones laborales para las prostitutas callejeras y clandestinas, y para las que trabajaban en burdeles registrados eran igual de malas. No obstante, en lo tocante a las trabajadoras sexuales clandestinas y callejeras la policía tenía todavía más potestades para discriminarlas: podían ser detenidas hasta 15 días sin cargo alguno; o ser identificadas como "mujeres caídas" y encerra-

---

21. Ibídem. En la pág. 577 la autora cita la declaración recogida de una prostituta de la época detenida: «Valientes hijos de la... son esos jueces. Yo los conozco bien, muy bien, señora. Y si los viera usted en calzoncillos, borrachos, toreando las sillas, y no pagan la dormida, y la mayoría de las noches se hace el trabajo gratis, pero cualquiera les dice nada».

22. «Las dos instituciones gubernamentales que, herederas del Patronato para la Represión de la Trata de Blancas, se encargaron de gestionar la represión de las mujeres "caídas", fueron el Patronato de Redención de Mujeres Caídas y el Patronato de Protección a la Mujer. El Patronato de Redención de Mujeres Caídas administró los centros penitenciarios especiales para mujeres prostitutas, mientras que el Patronato de Protección a la Mujer se ocupó de las mujeres jóvenes de la calle, con funciones preventivas en zonas marginales respecto a mujeres menores de edad y competencia general de guardia de la moralidad pública. Entre ambas instituciones crearon toda una red extraordinaria de centros, de prisiones y de intervenciones en las vidas de las mujeres pobres», ibídem, pág. 587.

23. Ibídem, pág 583.

das en una prisión especial para prostitutas o en un reformatorio gestionado por el Patronato de Protección a la Mujer para su «redención que podía durar entre dos meses a dos años»[24]; o ser acusadas de delito de escándalo público; o ser privadas de libertad según la Ley de Vagos y Maleantes[25]. En último término, estas normas y los Patronatos mencionados fueron creados para controlar la situación devastadora en la que se encontraban muchas mujeres durante la postguerra, que ocupaban las calles y buscaban maneras de sobrevivir a la pobreza extrema. Fue todo un entramado institucional que permaneció vigente durante la Dictadura al servicio del disciplinamiento y control de las mujeres pobres.

El 3 de marzo de 1956 se aprueba un nuevo decreto ley de corte abolicionista que manda cerrar "los centros de tolerancia"[26] —como históricamente se conocían los prostíbulos y casas de citas. Este decreto tiene su razón de ser en el ingreso de España en la ONU en el año 1955, que exigía la ratificación de numerosas disposiciones, entre ellas, el "Convenio internacional para la represión de la trata de personas y de la explotación de la prostitución ajena" de 1949. No obstante, el abolicionismo franquista en realidad era un prohibicionismo que criminalizaba la prostitución de forma arbitraria, pues se perseguía a las prostitutas autónomas y a las mujeres más empobrecidas.[27]

La adopción del mencionado decreto de 1956 implicó la modificación del código penal vigente. Se introdujo la ilicitud de la denominada "tercería locativa"[28] que penaliza el lucro a través de la prostitución ajena.

Pero el ejercicio del trabajo sexual no se penalizaba directamente, y la prostitución pasó a ser concebida dentro de la esfera de las actividades que constituían delito de escándalo público (artículo 431.1). Pese a que el citado

---

24. Artículo 3 del Decreto 6 de noviembre 1941, ibídem, , pág. 595.

25. Ibídem

26. Artículo 5 del Decreto Ley de 3 de marzo de 1956.

27. Gema Nicolás Lazo, op. cit., sobre el sistema para abordar la prostitución implantado en 1956: "Se permitió la prostitución gestionada por intermediarios que la mantenían relativamente escondida y se persiguió y criminalizó a las mujeres autónomas que la ejercían en la calle o en sus pisos. La represión policial de la prostitución se produjo de forma arbitraria, sobre todo en los ambientes más bajos, más pobres, los de la prostitución callejera, la más visible y vulnerable. (...) Las prostitutas, como trabajadoras en la clandestinidad, fueron, más que antes, delincuentes."

28. José María González Del Río, op. cit., pág. 52.

decreto ley posibilitó el cierre de prostíbulos, ello no supuso terminar con la prostitución, sino que el trabajo sexual, una vez más, adquirió formas más camufladas o clandestinas, pues las prostitutas «trabajaron ocultas como camareras en bares, dependientas de tiendas de moda, o asistentas de hoteles y pensiones»[29]. En definitiva, lo que esta ilegalización de facto propició fue arrojar a las trabajadoras sexuales al submundo de la delincuencia y de la marginalidad[30], relegándolas a la clandestinidad e incrementando el número de proxenetas y la dependencia de las mujeres a los mismos[31].

A finales del régimen franquista, en 1970, se aprobó la Ley de Peligrosidad y Rehabilitación Social. La misma establecía como "estados peligrosos" los de las personas que se habían prostituido o corrompido, y preveía como medida de seguridad el internamiento, que podía consistir en hasta tres años de privación de libertad.[32] Pero como para que el trabajo sexual fuese considerado una actividad peligrosa, debía producir alteración de trascendencia a la comunidad y a la moralidad pública —si no, quedaba reducido a una esfera íntima e invisible considerada por la Ley de Peligrosidad fuera de sus límites—, la peligrosidad social de la prostitución sirvió una vez más para perseguir a la prostitución visible y callejera que era, en definitiva, la más vulnerable.[33]

Tras la aprobación de la Constitución Española en 1978 y la derogación formal de la Ley de Peligrosidad y Rehabilitación Social por el Código Penal de 1995 —actualmente vigente—, el trabajo sexual sigue regulándose en el Estado español a través de normas penales y administrativas. No hay una legislación unívoca sobre el mismo, aunque la posición ideológica institucionalizada es el abolicionismo y el prohibicionismo parcial o suave. La normativa difiere según se trate de trabajo sexual en su modalidad autónoma —independiente— o asalariada —el trabajo a terceros—, como veremos más adelante.

---

29. Gema Nicolás Lazo, op. cit., pág. 611.

30. Francisco Vázquez García y Andrés Moreno Mengibar. *Poder y prostitución en Sevilla*, Tomo II, Sevilla, Universidad de Sevilla, 1996, pág. 309.

31. José María González Del Río, op. cit., pág. 52.

32. Ibídem, pág. 53.

33. Gema Nicolás Lazo, op. cit., pág. 610.

B. ACTUALIDAD

En la actualidad existen diferentes modalidades en el ejercicio del trabajo sexual. El fenómeno es muy amplio y complejo, y además factores como la clase social y la situación administrativa de la persona determinan parte de la realidad de esta profesión. El trabajo sexual puede ejercerse:

- De forma autónoma o independiente.
- A terceros, como prostitución en clubes, pisos y hoteles de plaza, o como actrices y actores en el caso del sector de la pornografía.
- A través de la organización de las personas trabajadoras del sexo.

EL TRABAJO SEXUAL EN LA NORMATIVA VIGENTE

1.1. Trabajo sexual a terceros —por cuenta ajena o salariado—

Al hablar del trabajo sexual a terceros vamos a diferenciar entre la prostitución y la pornografía —entendida ésta, de forma genérica, como la creación de contenido de carácter sexual para personas adultas hecha de forma asalariada.

La pornografía generada por personas adultas, que se define comúnmente como el material audiovisual que representa actos eróticos y/o sexuales, es legal. Las compañeras del sindicato OTRAS que se dedican a la pornografía aluden a la necesidad de tener en cuenta el carácter especial de este trabajo artístico y el singular esfuerzo que implican los ensayos y las grabaciones de las escenas sexuales. Insisten en la importancia de un reparto justo en la cesión de los derechos de imagen, de forma que quienes ejercen trabajo sexual no se vean despojadas de las regalías por el trabajo realizado. La mayoría de sus demandas son materia de convenio colectivo, como establecer un máximo de horas de rodaje, la remuneración de los ensayos, unas condiciones mínimas de salud y seguridad laboral, un salario mínimo, además de que, aunque nos pueda sorprender, se reclama un trato igualitario ya que en el trabajo pornográfico los hombres son peor pagados y tratados.

El trabajo sexual a terceros en su dimensión de prostitución por cuenta ajena —personas trabajadoras del sexo de clubs, agencias, casas de citas y pisos—, que es lo más comúnmente mentado en el debate público, se encuentra ambiguamente penalizado por el artículo 187.1 párrafo 2º del Código Penal. Éste considera delito lucrarse explotando la prostitución ajena aunque haya consentimiento de la persona prostituida[34], lo que se conoce como prostitución lucrativa, que debe diferenciarse de la denominada prostitución coactiva.

La intención del legislador no queda totalmente clara, pero parece que dicho artículo considera proxenetismo lo que normalmente encontramos en un club, piso, hotel de plaza, casa o agencia de citas: a una parte empresarial que dirige, organiza y gestiona los medios humanos —las personas trabajadoras del sexo— y los medios materiales —el establecimiento: las habitaciones, las instalaciones o espacios comunes, el bar, el parking, etc.— necesarios para el desarrollo de la prestación de servicios sexuales a los clientes.[35]

Asimismo, el Tribunal Supremo no considera la prostitución como un trabajo pero se ha visto obligado a declarar el carácter laboral del alterne para poder reconocer derechos a las personas trabajadoras de dichos establecimientos de forma que no quede legitimado el trabajo forzado en el Estado español en pleno s.XXI.[36]

---

34. El sindicato OTRAS rechaza el término "persona prostituida" porque considera que cosifica a las personas trabajadoras sexuales, invisibiliza y niega su capacidad de agencia, y las reduce a un mero objeto dentro de un hecho social. Cuando en este texto se emplea dicho término, se hace únicamente para citar de forma literal la fuente original.

35. Como analiza María Gavilán Rubio en "Delitos relativos a la prostitución y a la trata de seres humanos con fines de explotación sexual. Algunas dificultades en la fase de instrucción", *Anuario Jurídico y Económico Escurialense*, XLVIII, 2015, páginas 103-130, el Tribunal Supremo en su sentencia 445/2008 estableció los requisitos para que haya delito con el lucro de la prostitución ajena consentida por la persona prostituida, señalando que no todo lucro debe castigarse de igual modo. En la modificación del Código Penal realizada en 2015, se especificó el alcance del término explotación. Para que concurra delito es preciso que la víctima haya sido obligada a ejercer empleando la violencia, intimidación, engaño o abuso de una situación de vulnerabilidad o necesidad, y que el beneficio extraído de dicha actividad proceda directamente del servicio de quien se prostituye y ha de serlo de manera reiterada. No incluiría los casos puntuales o esporádicos.

36. Así nos lo contaba Evelin Rocher, compañera del sindicato OTRAS, a quien el Tribunal Supremo dio la razón frente al club en el que trabajaba. Ella pudo demostrar que había trabajado muchos años como asalariada, bajo la dirección y organización del club. Eso sí, solo se le reconoció como trabajo la actividad del alterne —atraer clientes e incitarles a consumir bebidas en el local. Como ella nos relataba, que el Tribunal no hubiese reconocido la laboralidad del alterne hubiese supuesto que aceptase que los empresarios en el Estado español pueden tener a su servicio a personas que trabajen para ellos sin estar aseguradas ni tener derechos laborales.

El alterne consiste en atraer a clientes para incentivar su consumo de bebidas en el local, teniendo como límite el acceso carnal. Por lo tanto, solo se acepta como trabajo una parte de las actividades que se desarrollan en la prostitución: la de incentivar a consumir en el bar. No obstante, el límite entre el alterne y la prostitución es ficticio, una creación jurisprudencial. En la realidad fáctica, este límite, aparte de ser ambiguo e irreal, ya que la mayoría de las/os alternadoras/es prestan también servicios sexuales, es profundamente deficiente y discriminatorio, pues deja desprotegida la parte más particular y específica del trabajo sexual: los servicios sexuales.[37]

Al estar penalizado el lucro explotando la prostitución ajena aun con consentimiento de la persona prostituida (artículo 187.1 párrafo 2º), los empresarios, para evitar ser acusados de proxenetas, alegan que las personas trabajadoras del sexo son sus huéspedes, a quienes alquilan habitaciones para que ellas trabajen con sus clientes.[38] Con las propuestas legislativas que se han debatido en los últimos años en el Congreso, cuyo objetivo es la prohibición de la tercería locativa[39], la situación de estas trabajadoras solo

---

37. Además, tal como cuenta Irene Adán: «Para que las/os trabajadoras puedan demostrar la existencia de esta relación laboral, es necesario que tengan contratos de trabajo como alternadora/es, y la patronal se niega a formalizarlos evitando así los costes de la Seguridad Social y el reconocimiento de derechos a las mismas. Además, en el mercado del sexo español la mayoría de las trabajadoras son mujeres migrantes, y la situación de criminalización y vulnerabilidad empeora ya que estas se encuentran en la encrucijada que diseña la Ley de Extranjería, que no permite acceder a un trabajo sin tener antes un permiso de residencia, y que a su vez, no permite (en general) acceder a un permiso de residencia sin tener antes un trabajo». Irene Adán, "Informe 'Las prostitutas hablan de violencias: una investigación cualitativa-cuantitativa con 318 participantes'", asociación CATS, 2024, pág. 52. https://www.asociacioncats.es/download/investigacion-las-prostitutas-hablan-de-violencias/

38. De hecho, tal como informa Paula Sánchez Perera, tras la modificación penal de 2003, que tipificó de nuevo el proxenetismo lucrativo, muchos clubes de alterne modificaron sus sistemas de trabajo para eludir la sanción penal, dejando de abonar el porcentaje de las copas a las trabajadoras para esquivar la nota de remuneración. Paula Sánchez Perera, *Crítica de la razón Puta, cartografías del estigma de la prostitución*, Madrid, La Oveja Roja, 2022, pág. 103.

39. La tercería locativa castiga a quienes, con ánimo de lucro y de forma habitual, ceden bienes inmuebles, establecimientos o locales para favorecer el ejercicio de la prostitución. Esto es, las personas en principio penadas bajo esta figura son los dueños y dueñas de los clubes, locales y pisos donde las personas trabajadoras del sexo ejercen su trabajo.
En los siguientes artículos encontramos un análisis interesante:
https://www.newtral.es/que-es-terceria-locativa-castigo-penal-prostitucion/20220520/
https://www.pikaramagazine.com/2024/03/solo-se-castigara-a-los-proxenetas/

empeoraría pues estarían abocadas a todavía más clandestinidad y persecución.[40] Es de saber popular que los clubes, pisos, hoteles de plaza, agencias y casas de cita y establecimientos similares tienen como actividad principal la oferta y gestión de la prestación de servicios sexuales. El funcionamiento y los recursos de la empresa están organizados para la prestación de sexo previo pago, y las ganancias del negocio se obtienen fundamental y mayoritariamente a través del trabajo de las prostitutas. No son solo bares, hoteles o casas, a donde las personas trabajadoras del sexo acuden en busca de o con clientes, sino que son sus centros de trabajo y se rigen por las normas de organización y funcionamiento que decide la parte empresarial.[41]

De este modo, el Código Penal imposibilita el reconocimiento de derechos laborales a las personas que ejercen la prostitución, lo que genera un doble beneficio para la parte empresarial: ésta evita los gastos derivados de la obligación de dar de alta en la Seguridad Social a esas personas trabajadoras, negándoles así el acceso a cualquier prestación; y consigue que sean ellas las que se hacen cargo de los gastos de alquiler del espacio de trabajo, EPIs —condones, lubricantes—, e incluso de la electricidad y el servicio de lavandería.

---

40. https://cesida.org/blog/en-los-medios/en-los-medios-terceria/, tal como CESIDA exponía en 2022 en un artículo de Europa Press:
"La Coordinadora estatal de VIH y sida (CESIDA) ha manifestado este lunes su preocupación por la inclusión de la tercería locativa, la medida que penaliza a quien se lucre con la cesión de inmuebles o locales para el ejercicio de la prostitución, en la ley de garantía de la libertad sexual o Ley de 'solo sí es sí,' al considerar que esta medida podría suponer la criminalización de quienes ejercen la prostitución. [...]
No solo va en contra del espíritu de la norma sino que contribuye a "reforzar el estigma de la prostitución y a dificultar la distinción entre prostitución voluntaria y prostitución forzada". CESIDA advierte de que la tercería locativa en la Ley 'solo sí es sí' criminaliza a quien ejerce la prostitución. [...]
Del mismo modo CESIDA destaca que, puesto que las personas que ejercen la prostitución viven, en muchas ocasiones, en el mismo lugar que trabajan, la penalización de la tercería locativa, puede constituirse como una barrera de acceso a la vivienda. [...] Otra de las consecuencias de dicha penalización es el aumento de presencia policial en estos espacios, con las consiguientes consecuencias para las personas migrantes en situación irregular.
Leer más: https://www.europapress.es/epsocial/igualdad/noticia-cesida-advierte-terceria-locativa-l ey-solo-si-si-criminaliza-quien-ejerce-prostitucion-20220214171510.html

41. En estos locales es la parte empresarial la que, haciendo uso de su poder de organización y dirección, decide el horario de apertura y cierre, así como el horario de trabajo y el calendario laboral, entre otros.

Tal como señalan desde la asociación CATS, la paradoja radica en que mientras que la compraventa de servicios sexuales en el alterne no está reconocida ni por la patronal del sexo ni por la legislación, las autoridades conceden permisos y licencias de apertura de estos locales, donde es de conocimiento general que su actividad principal es la oferta y gestión de la prestación de servicios sexuales a cambio de un precio.[42]

1.2. Trabajo sexual autónomo o independiente

El ejercicio del trabajo sexual autónomo es legal ya que no está directamente permitido ni prohibido por una norma jurídica. El reconocimiento de la libertad como valor supremo del ordenamiento jurídico español —artículo 1.1 de la Constitución Española—, típico de los Estados de derecho, supone que aquello que no se encuentre expresamente prohibido por ley está permitido, independientemente de que esté o no regulado.[43]

No obstante, el trabajo sexual independiente o autónomo, sobre todo la prostitución de calle, es perseguido y se obstaculiza a través de leyes y normas administrativas sancionadoras, locales y estatales, que, como más adelante veremos, generan un entorno punitivista que aboca a estas trabajadoras a la clandestinidad, viéndose en la necesidad de trabajar para otros que, paradójicamente, los protejan de las consecuencias criminalizadoras y persecutorias del abolicionismo.

Insistimos, las más perseguidas y castigadas son las trabajadoras sexuales de calle, por eso, además de plantear la inclusión del trabajo sexual dentro de ordenamiento jurídico laboral, la derogación de la legislación sobre extranjería y la lucha contra el estigma, es necesario exigir que se deroguen las normas sancionadoras con las que se criminaliza a las prostitutas de calle. Que se las escuche y se las dote de poder de negociación en las decisiones sobre las zonas de ejercicio de la prostitución de calle.

---

42. Irene Adán y asociación CATS, "Informe 'Las prostitutas hablan de violencias: una investigación cualitativa-cuantitativa con 318 participantes' ", op. cit., pág. 52.

43 Ramiro García de Dios, "¿Por el mal camino?" en VV. AA., *La prostitución a debate: por los derechos de las prostitutas*, Madrid, Talasa, 2007, pág. 131.

C. FRONTERAS Y NORMAS ANTIMIGRATORIAS

«Para las feministas punitivistas el problema es el sexo comercial, que produce la trata; para nosotras, el problema son las fronteras, que producen personas que o no tienen o apenas tienen ningún derecho mientras viajan y trabajan»

Mac Juno y Smith Molly[44]

FRONTERAS Y TRATA CUALQUIERA QUE SEA SU FIN

El derecho a migrar, a la libertad de movimiento y establecer residencia en un lugar concreto para desarrollar el proyecto vital de cada una, es un derecho de todas las personas que habitamos este planeta. Desde el sindicato OTRAS estamos en contra de las leyes que criminalizan la migración y abogamos por un mundo sin fronteras. Es necesario que se derogue la normativa sobre extranjería que prohíbe la libertad de movimiento y que criminaliza a las personas migrantes en situación administrativa irregular.

Las migraciones masivas del s.XXI desde el Sur Global, están motivadas por la necesidad de huir de desastres producidos por el ser humano: la crisis climática, la pobreza, los conflictos armados. No obstante, pese a que la crisis climática, la pobreza y las guerras son más responsabilidad de los países del Norte Global y sus políticas capitalistas, la respuesta que se da desde estos países es negar la libertad de movimiento y de migrar. Concretamente en el caso de la Unión Europea, el 14 de mayo de 2024 el Parlamento europeo adoptó el Pacto sobre Migración y Asilo que supone una revisión completa de las políticas migratorias hasta ese momento vigentes. Este pacto, lejos de reforzar y garantizar el derecho de asilo, supone la consolidación de la "Europa fortaleza" mediante el reforzamiento de las fronteras exteriores y la limitación de la entrada de personas migrantes en la Unión Europea.[45]

---

44 Mac Juno y Smith Molly, *Putas insolentes. La lucha por los derechos de las trabajadoras sexuales*, Madrid, Traficantes de sueños, 2020, pág. 142.

45. El Pacto externaliza las fronteras exteriores de la UE a otros Estados, agiliza los procedimientos de gestión migratoria a expensas del derecho individual de asilo y facilita las deportaciones. Entre los diferentes mecanismos que se pretenden poner en marcha, mencionamos, por ejemplo, un procedimiento fronterizo obligatorio que evaluará de forma rápida las solicitudes de asilo para denegarlas cuando las consideren infundadas o inadmisibles. Las personas sujetas a este procedimiento fronterizo de asilo no están autorizadas a entrar en el territorio del Estado miembro. Además, se propone también un procedimiento fronterizo de retorno —que continúa en la línea de fomentar y permitir la detención-privación de libertad de las personas migrantes, cuyas solicitudes de protección internacional hayan sido denegadas, para facilitar

Tal como defienden las trabajadoras sexuales Juno Mac y Molly Smith[46], el problema de la discriminación, la explotación y la inseguridad comienza en las fronteras. El hecho de que coexistan tanto la necesidad de migrar para sobrevivir como unas políticas antimigratorias, implica que se pueda hacer un gran negocio de ello, pues hay una oferta mínima —para hacerlo legalmente— y una demanda amplísima impulsada por la necesidad de sobrevivir. Es decir, es la existencia de fronteras y normas que criminalizan la migración lo que genera el negocio del contrabando y tráfico de personas.[47]

Las fronteras y normas de extranjería determinan quiénes sí y quiénes no pueden entrar libremente a un territorio y vivir en él. Para aquellas personas a las que se les limita la entrada, la migración se complica y se torna insegura. Hay quienes ante las políticas antimigratorias deciden no migrar, pero muchas otras migran pese a la crudeza de estas normas. Las normas migratorias hacen más insegura la frontera puesto que las personas que quieren cruzarla, al no poder hacerlo de forma legal —pues, aunque las vías de acceso legal a los países existen, estas son facilitadas únicamente a personas del Norte Global—, se ven obligadas a acudir y depender de personas u organizaciones que, a cambio de una elevada cantidad de dinero, les pasan de un lado a otro precariamente. Asimismo, aunque la frontera se cruce legalmente, como ocurre con

---

sus deportaciones—, un mayor control de las personas que quieren migrar y que se encuentran en situación administrativa irregular a través del control en las fronteras exteriores (*Screening*) sometiéndolas a pruebas sanitarias, de identificación y de seguridad, así como la toma de impresiones dactilares y el registro en la base de datos Eurodac. Más información:https://www.cear.es/wp-content/uploads/2024/04/Pacto-Europeo-de-Migracion-y-Asilo-retos-y-amenazas.pdf

46. Ibídem.

47. Nos parece muy pertinente e ilustrativa la analogía que Junio Mac y Molly Smith plantean entre el derecho a migrar y el aborto: «Este juego nos es familiar en otros contextos. Cuando el aborto se criminaliza, las mujeres que buscan abortar recurren a abortistas clandestinos, algunos de los cuales pueden ser altruistas, si bien muchos de ellos no tienen escrúpulos [...] Antes bien, la criminalización del aborto ha creado directamente un mercado [...] Más que la pura y simple represión policial, la solución política que los ha sacado de la circulación, allí donde se ha implementado, ha sido, por supuesto, el acceso a servicios de aborto seguro, legal y gratuito. [...] Las personas que viven en lugares como Inglaterra y Canadá, que pueden acceder a un aborto gratuito no suelen pagar a gente para que les practique un procedimiento peligroso y clandestino. [...] De la misma manera, las personas que pueden cruzar legalmente una frontera, no pagan a alguien para que les ayude a cruzar de manera clandestina. Al igual que quienes practican abortos ilegales, los contrabandistas no son unos malvados sin explicación posible; la cuestión es más bien que la criminalización de la migración indocumentada ha creado directamente un mercado para el contrabando de personas.» Ibídem, pág. 120.

quienes deciden migrar comenzando con un visado de turista, tras el plazo de vigencia de 90 días de visa quedan en situación irregular y empiezan a correr el riesgo de ser identificadas y deportadas.[48] O sometidas a trabajo forzoso.

La mayoría de personas que acaban siendo explotadas laboralmente o sometidas a trabajo forzoso, son personas que querían migrar y se han visto atrapadas en esa realidad sistémica ya que al estar en situación administrativa irregular—sin papeles— no tienen apenas derechos y no pueden defenderse ante las injusticias que sufren.[49] Más aún, en el Estado español estar en situación administrativa irregular supone cometer una infracción administrativa castigada con la expulsión del territorio nacional, lo que implica que además de ser perseguidas y criminalizadas, tengan miedo a denunciar las vulneraciones que sufren por correr el riesgo de que se les abra una orden de expulsión y/o terminen encerradas en un CIE (Centro de Internamiento de Extranjeros).[50] Esto no puede llevarnos a culpabilizar las personas que, pese a conocer las dificultades, deciden migrar, sino a concluir que la única manera de evitar que terminen explotadas y/o 'abusadas' es permitirles migrar legalmente y con derechos.[51]

El dinero que tenga cada persona y su nacionalidad son los dos factores que determinan la posibilidad de migrar y permanecer en un país de forma segura. Las personas ciudadanas de países de la Unión Europea o del Espacio Schengen pueden entrar y salir libremente, mientras que las ciudadanas

---

48. La manera más habitual para entrar al Estado español suele ser a través de un visado de turista, ya sea con ayuda desinteresada de amigos y familiares o mediando el lucro de agencias, prestamistas o individuos. El visado tiene una vigencia de 90 días tras los cuales la persona tiene que abandonar el país o asumir quedarse en situación administrativa irregular —sin papeles— con el riesgo de ser identificada, multada y deportada. Asimismo, también existe el riesgo de que se la encierre en un CIE, centro de internamiento que suele ser tachado de "ser peor que una cárcel" por las personas que han pasado por él.

49. Juno Mac y Molly Smith, ibídem, pág. 113.

50. Como Tamara González Fernández cuenta en un artículo en el que recoge la investigación realizada a partir de los relatos en primera persona que le han contado las trabajadoras sexuales: "El miedo a ser descubierta en situación irregular tiene como consecuencia principal que las trabajadoras sexuales migrantes no acudan a los cauces legales para gestionar ningún ámbito de sus vidas. Esto da lugar a situaciones de abuso y desamparo. Solicitar cantidades desorbitadas de dinero para obtener documentación o vender documentación falsa son algunos de los ejemplos que han vivido estas mujeres, pero la L.O.E. —Ley de Extranjería— no les ha dejado otra opción." Tamara González Fernández, "Desigualdades y discriminaciones de las trabajadoras sexuales migrantes", *Universitas* núm. 28, 2022, págs. 74-97.

51. Juno Mac y Molly Smith, op. cit., pág. 114.

de terceros países lo harán dependiendo del país de donde sea su pasaporte y del dinero que tengan para hacer frente a los gastos de visados y demás requisitos económicos que pueden ser exigidos por los Estados o por el propio procedimiento para la solicitud de los permisos de viaje y estancia.

El fenómeno de la trata, cualquiera que sea su fin, aparece entonces: tiene su razón de ser en las políticas antimigratorias. Desde el movimiento en defensa de los derechos de las personas trabajadoras del sexo nos afanamos en diferenciar la trata del trabajo sexual, pese a que somos conscientes de lo compleja que es la realidad de la industria del sexo y su relación con la migración. Mientras, desde sectores abolicionistas o prohibicionistas, intentan igualarlo dificultando así la búsqueda de soluciones al problema. Se suele dibujar la figura de la mujer migrante que ejerce la prostitución como víctima de trata.[52] Para las abolicionistas no hay mujer migrante que ejerza la prostitución porque quiere. No obstante, esta negación de la agencia de las mujeres migrantes y su infantilización distan mucho de la realidad. Tamara González cuenta que, en un proyecto en el que participó de acompañamiento a trabajadoras sexuales migrantes en situación irregular, todas las mujeres acompañadas habían decidido, organizado y llevado a cabo por su cuenta sus propios proyectos migratorios teniendo en mente ser trabajadoras del sexo.[53] Llega a darse incluso una doble estigmatización de colectivos migrantes dependiendo de su nacionalidad, como ocurre con las mujeres ucranianas y rumanas[54], a quienes los medios suelen mostrar como víctimas del crimen organizado, lo que no es, para nada, siempre cierto[55]. Con esto no

---

52. Nina Linda Porn, Kali Sudhra, *Putas migras*, Chiapas/Valencia, OnA ediciones, 2020.

53. Tamara González Fernández, op. cit.: "Es importante destacar esta iniciativa para emprender un proceso migratorio que incluye actividades relacionadas con la industria del sexo porque esto desplaza el papel monolítico que tanto las instituciones como las ONGs han otorgado a las redes de tráfico. De las historias de estas mujeres se infiere que esas redes están formadas en realidad, por agentes de todo tipo: familiares, amigos, empresarios del turismo, empresarios de la industria del sexo, gestores, abogados y transportistas, entre otros."

54. José López Riopedre señala que las entrevistas realizadas a este colectivo de trabajadoras sexuales lo pone de manifiesto. José López Riopedre, "Trabajo sexual transnacional: consecuencias de las políticas criminalizadoras de la prostitución y de la crisis económica española sobre las trabajadoras sexuales migrantes", *Revista Electrónica de Derecho de la Universidad de La Rioja*, núm. 14, diciembre 2016, pág. 76.

55. José Luis Solana y José López Riopedre, *Trabajando en la prostitución. Doce relatos de vida*, Granada, Comares, 2012.

negamos la existencia de víctimas de trata y, como decimos, nos posiciona-mos radicalmente en contra de la trata. Al igual que el relato de una mujer extranjera que emprende su viaje migratorio con el objeto de dedicarse al trabajo sexual, no debería opacar ni negar el relato de una víctima de trata, el relato de una víctima de trata tampoco puede ni debe servir para negar la agencia e infantilizar a las mujeres trabajadoras sexuales. El trabajo se-xual no es trata porque en el primero no hay coacción: una persona decide libre y voluntariamente[56] prestar servicios sexuales previo pago, o dedi-carse al porno. La trata en cualquiera de sus formas existe a consecuencia del sistema de fronteras y de la normativa de extranjería discriminatorios y crueles. La trata de personas tiene cabida porque migrar es ilegal. Toda aquella persona que no pueda cruzar una frontera con su pasaporte es vul-nerable a la trata y al tráfico de personas. Creemos firmemente que abolir las normas antimigratorias y reconocer derechos laborales a quienes se dedican al trabajo sexual implica luchar contra la trata cualquiera que sea su fin.

NORMAS DE EXTRANJERÍA

Los datos que hay sobre el trabajo sexual en el Estado español son deficien-tes. Por eso resulta muy valioso el trabajo de asociaciones y colectivos de personas trabajadoras sexuales y de aquellas que las apoyan y acompañan, como el informe de la investigación de la asociación CATS, que pone de manifiesto a través de estudios sociológicos que el mercado laboral del tra-bajo sexual lo componen mayoritariamente mujeres migrantes.[57]

En este informe se expone cómo la mayoría de mujeres españolas que se dedican a la prostitución deciden ejercerla de forma independiente o autónoma, mientras que el trabajo sexual a terceros suele ser la opción de las migrantes.[58]

---

56. Cuando a lo largo del texto hablamos de la libertad o voluntariedad en el ejercicio del trabajo sexual, nos referimos a que este se realiza sin coacciones. No obstante, enten-demos que las trabajadoras sexuales, al igual que el conjunto de la clase trabajadora —y precisamente como parte de ella—, cuentan con una libertad relativa, condicionada por la necesidad de trabajar y obtener ingresos para vivir. Por ello, el término libertad no debe interpretarse en clave neoliberal —como si se tratara de una elección plenamente libre en un mercado sin restricciones—, sino en términos de capacidad de agencia, es decir, de la posibilidad de decidir y actuar dentro de los márgenes materiales y sociales existentes.

57. Irene Adán y asociación CATS, "Informe 'Las prostitutas hablan de violencias: una investigación cualitativa-cuantitativa con 318 participantes' ", op. cit. pág. 12

58. Ibídem., pág. 17.

Esto se debe a varias razones, entre ellas, que las mujeres con nacionalidad española al no encontrarse sometidas a las limitaciones y represiones impuestas por las normas de extranjería, tienen mayor poder y autonomía, tanto, por ejemplo, para poder acceder a una vivienda en la que ofertar los servicios, como para pagarse una página web en la que publicitarse. Además, se sienten más seguras pues no están bajo la doble persecución que implica ser trabajadora sexual y estar en situación administrativa irregular.[59]

El no reconocimiento del trabajo sexual como trabajo aboca a la clandestinidad a muchas mujeres en situación administrativa irregular. Añade todavía más dificultades al ejercicio de derechos básicos como el acceso a la vivienda, pues es imposible avalar frente a un banco o un arrendador el pago de una casa si no tienes una nómina; y puede suponer que si te encuentran trabajando te abran una orden de expulsión preferente y te encierren en un CIE para asegurar su cumplimiento en el plazo de 72 horas.[60] O supone afrontar el riesgo de que los servicios sociales te retiren la custodia de tu hija.[61] Además, implica no tener acceso a la justicia por miedo a las represalias. Ya ocurre con el colectivo entero de personas trabajadoras sexuales, a las que se les niega la credibilidad ante el hecho de sufrir una agresión: el estigma implica que una prostituta nunca pueda ser agredida sexualmente porque ella siempre se lo ha buscado. En el caso de las trabajadoras migrantes, la violencia por parte de la policía se intensifica pues a esa falta de credibilidad se le suma el riesgo de ser identificadas en comisaría y sancionadas con una orden de deportación.[62]

---

59. En el informe "Represión y encierro", se recoge lo siguiente: "El 53% de las mujeres encerradas en un CIE—Centro de internamiento de Extranjeros— en 2021 y 2022 eran trabajadoras sexuales, siendo esta la actividad a la que se dedicaba un mayor número de mujeres internas, con gran diferencia con respecto a las otras." Blanca Bernardo Egea, María Paramés Bernardo y María Peñalosa Méndez, "Represión y encierro. Análisis interseccional de la violencia en el internamiento de personas extranjeras", Madrid, Mundo en Movimiento, 2023. https://www.mundoenmovimiento.org/wp-content/uploads/2023/03/Represion_y_encierro-Informe_completo-2023.pdf

60. Ibídem, pág. 28: "de las once mujeres internas que tenían una orden de expulsión preferente, ocho eran trabajadoras sexuales (dos eran jornaleras y una era trabajadora del hogar y los cuidados)".

61. María Martínez Cano, "Violencias hacia las personas que ejercen la prostitución en la región de Murcia", *Revista del Laboratorio Iberoamericano para el Estudio Sociohistórico de las Sexualidades*, 2020, págs. 227-251.

62. Tamara González, op. cit.

Pero nos preguntamos, ¿por qué es tan difícil acceder a los permisos de residencia y trabajo de forma legal? Es en la "Ley Orgánica de libertad y derechos de los extranjeros en España", y su Reglamento de desarrollo donde se regulan los procedimientos.[63]

Una persona que no tenga nacionalidad española o de algún país de la Unión Europea o Espacio Schengen para poder entrar a territorio del Estado español y permanecer en él más allá del visado de turismo o de estudios, tiene que obtener alguno de los permisos previstos en dicha ley. La mayoría de estos permisos[64] exigen que la persona tenga una oferta de trabajo indefinido.

No obstante, la aplicación de esas mismas leyes que hace el Estado torna complicadísima la obtención de los permisos: empezando por lo difícil que es conseguir un contrato de trabajo indefinido en la actualidad, así como encontrarse con un empresario que quiera tramitar el procedimiento y esperar a que se resuelva para que te incorpores, pues los empresarios suelen contratar según las necesidades de sus negocios. Las solicitudes cuestan dinero —alrededor de 200 euros de tasas, más los posibles gastos de acudir a una abogada o asesora, algo que suele ser necesario para emprender el arduo universo burocrático de la Administración—, el plazo de resolución puede extenderse hasta más de seis meses en los que hay que tener ahorros suficientes para mantenerse sin trabajar —ya que trabajar sin permiso sería ilegal—, y, finalmente, la solicitud tiene que ser resuelta favorablemente por el Ministerio de Trabajo, lo que no siempre pasa. También ocurre que muchas personas migrantes que tienen titulaciones y estudios se encuentran con que no pueden hacerlos valer y es necesaria su homologación. El proceso para homologar un título es otro proceso burocrático lento y de altos costes económicos. Actualmente varias organizaciones de personas migrantes afectadas denuncian que el Ministerio de Universidades está tardando más de dos años en responder a las solicitudes, mientras que el plazo legal establecido no puede ser superior a 6 meses. Además, el colectivo

---

63. Vamos a hablar fundamentalmente del permiso de residencia y trabajo por cuenta ajena que es el más común, por ser el que reconoce de forma genérica el acceso a la posibilidad de residir en territorio español y trabajar de forma asalariada. A este permiso se puede intentar acceder por varias vías, como pueden ser por ejemplo: antes de la entrada en territorio español siempre que se cuente con una oferta de trabajo que reúna los requisitos; una vez se esté en territorio español; o a través de las circunstancias excepcionales de arraigo.

64. Hay excepciones, como por ejemplo: el permiso para víctimas de violencia de género, el permiso para víctimas de trata de seres humanos o los permisos por asilo y protección internacional.

Manifestación por la Homologación Justa calcula que hay aproximadamente 100.000 casos aún pendientes de resolución.[65] Dolores Juliano defiende que vivimos en una "sociedad laboral"[66]: el medio para conseguir la ciudadanía plena —derechos y deberes— es a través de nuestra participación remunerada en el mercado laboral legal. Por lo tanto, y esto afecta a todo el colectivo de personas trabajadoras del sexo, el no reconocimiento del trabajo sexual como un trabajo constituye un gran obstáculo para el disfrute de los derechos y el desarrollo de la personalidad. La manera de evitarlo y conseguir que las personas puedan acceder a regularizar su situación solo puede ser reconociendo la condición de trabajo de la prestación de actividades de carácter sexual.

> ¿Qué implicaría el reconocimiento de la condición de trabajo del trabajo sexual y su inclusión en el Derecho Laboral en relación a todo lo anterior? «En algunos medios y en algunos entornos políticos se argumenta que la migración produce un descenso de los salarios. Sin embargo, el sistema actual, en el que personas indocumentadas no pueden hacer valer sus derechos salariales y, como resultado, son enormemente vulnerables a la explotación en sus puestos de trabajo, tumba los salarios asegurándose de que haya un grupo de trabajadores a quienes los patronos pueden pagar por debajo de lo establecido o explotar de cualquier otro modo con impunidad. Los bajos salarios y la explotación laboral se abordan mediante la organización de la clase trabajadora y el derecho laboral, no mediante intentos de limitar la migración, que producen trabajadores indocumentados que carecen de derechos laborales.» [67]

Cuando una persona se encuentra en situación administrativa irregular, ya sea por habérsele agotado el visado con el que entró o ya sea por haber estado irregularmente desde su entrada, la manera más común de conseguir salir de esa situación es a través de alguna de las circunstancias excepcio-

---

65. Información al respecto en los siguientes artículos:
Jesús Lorda, "Las consecuencias del retraso en la homologación de títulos: «Nos dedicamos a lo que se puede»", *Valencia Plaza*, 2024. https://valenciaplaza.com/consecuencias-retraso- homologacion-titulos
Alba Maria Claudia, "Profesionales con títulos extranjeros denuncian los retrasos en las homologaciones frente al Ministerio de Universidades", *ElDiario.es*, 2022. https://www.eldiario. es/desalambre/profesionales-titulos-extranjeros-protestan-frente-mi nisterio-universidades-denunciar-retrasos-homologaciones_1_9624092.html

66. Dolores Juliano. *Excluidas y marginales: una aproximación antropológica*. Madrid: Cátedra, 2004.

67. Juno Mac y Molly Smith, op. cit., pág. 116.

nales de regularización. Entre estas se encuentran los famosos arraigos: laboral, social, familiar y por formación. Entre los requisitos que exigen destacamos la permanencia continuada en el Estado español por dos o tres años, carecer de antecedentes penales, y tener una o varias ofertas de trabajo indefinido y de casi una jornada completa —no menos de 35 horas/semana. El arraigo laboral exige además poder demostrar haber tenido una relación laboral de una duración no inferior a seis meses, y el arraigo social, estar "integrada", lo que se suele justificar con un informe de integración emitido por los servicios sociales correspondientes.

Hasta que no se reconozca la laboralidad del trabajo sexual, la regularización de las personas trabajadoras del sexo en situación administrativa irregular siempre va a ser excesivamente complicada, si no imposible. En el caso del arraigo laboral, por mucho que lleven años —algunas personas hasta más de 20— ejerciendo el trabajo sexual, el mismo no basta para demostrar la existencia de una relación laboral. En el procedimiento de regularización por arraigo social ocurre lo mismo: este no puede sustentarse en un contrato laboral por trabajo sexual aunque ejerzan esta actividad desde hace años de forma habitual y como medio de vida. Sin el reconocimiento de la laboralidad del trabajo sexual, las personas que lo ejercen son condenadas a ser permanentemente ilegales.

Además, ante quienes defienden que muchas de estas personas quieren salir del trabajo sexual pero no pueden, desde los colectivos de trabajadoras del sexo se puede argumentar que, en el caso de que quisieran abandonar el trabajo sexual, les resultaría más fácil si éste fuese considerado un trabajo, ya que las personas trabajadoras del sexo tendrían acceso a los derechos laborales y a la Seguridad Social, así como a los derechos sociales y económicos básicos. Esto implicaría tener más autonomía económica y vital, poder acceder al paro, a una pensión de jubilación o a una situación de incapacidad temporal o permanente cuando fuese necesario. Además, se les reconocería el derecho a la libre sindicación, lo que supondría la posibilidad de la organización en sindicatos para mejorar sus condiciones de trabajo sin estar sometidas a la persecución y criminalización de su existencia.[68] Las alterna-

---

68. Aunque más adelante hablaremos de ello detalladamente, es preciso recordar que el Tribunal Supremo, cuando legalizó los estatutos del sindicato OTRAS, dejó claro que su ámbito de actuación serían las personas trabajadoras sexuales autónomas, y no las personas que ejercían por cuenta ajena. El Tribunal se apoyó en el argumento de que el trabajo sexual por cuenta ajena no está permitido por el ordenamiento jurídico del Estado español.

tivas que se ofrecen desde las instituciones que pertenecen a la "industria del rescate"[69] suelen ser trabajos precarios y feminizados, falsas alternativas que mantienen a estas personas en la exclusión económica y social.

La compañera Ninfa suele decir que si hay trata en la prostitución callejera es porque la policía lo permite, pues tiene controladas a todas las trabajadoras sexuales de calle. En el caso de los clubes, pisos, locales y establecimientos de ejercicio del trabajo sexual, si existiese la obligación de que las trabajadoras tuviesen un contrato laboral y estuvieran dadas de alta en la Seguridad Social, sería mucho más sencillo poder identificar a posibles víctimas de trata, y ayudaría a luchar contra la clandestinidad a la que se encuentra sometida la industria del sexo. Habría inspecciones de trabajo reales[70], y trabajadoras y trabajadores sin tanto miedo a denunciar por temor a las represalias, así como sindicatos con más facilidades que ahora para poder acceder a esos espacios.

Desde el sindicato OTRAS creemos que es imposible entender nuestra propuesta para el ejercicio del trabajo sexual con derechos sin un cambio de la Ley de Extranjería que garantice el derecho a una migración segura para

---

69. La antropóloga Laura Agustín (2009) se refiera a "la industria del rescate", como la creación, desde el tercer sector, de recursos necesarios con capacidad de asistir y disciplinar el comportamiento sexual de las migrantes (Ruiz, 2009), produciendo un saber experto de fabricación de la verdad, donde se desdibuja el conocimiento y la experiencia de las víctimas. Para la autora, la industria del rescate responde al imaginario blanco, a «una fantasía sobre la mujer migrante. La imagina como pobre, sin estudios, inocente, doméstica, pasiva, de cultura primitiva y por tanto fácilmente engañada» (Agustín, 2020). la industria del rescate engloba a quienes trabajan en el sector social con lxs migrantes, llamados agentes sociales, que de manera voluntaria o percibiendo un sueldo, se empeñan en mejorar la vida de los demás. Como es el caso de lxs trabajadorxs sociales, diseñadorxs de políticas, personal religioso, académicxs empleadxs de ONG, etc.

Laura Agustín, *Sexo y Marginalidad. Emigración, mercado de trabajo e industria del rescate*, Madrid, Editorial Popular, 2009.

—Agustin, Laura, María Florencia Alcaraz, "La antropóloga desnuda: Laura Agustín reflexiona sobre la prostitución, las migraciones y la industria del rescate", *El Cohete a la Luna*, 15 de marzo de 2020. https://www.elcoheteaalaluna.com/la-antropologa-desnuda/

—Martha Cecilia Ruiz, "Laura María Agustín: migración, comercio sexual y la industria del rescate", *Andina Migrante* núm. 2, 2009, pág. 9.

70. Utilizamos el adjetivo "reales" queriendo poner de manifiesto que las inspecciones que hoy en día se realizan no alcanzan a abordar la totalidad de lo que ocurre en esos espacios de trabajo, pues las inspectoras de trabajo solo pueden controlar el cumplimiento de los derechos de las trabajadoras sexuales como alternadoras, dejando al margen todo lo relativo a la prestación de servicios sexuales.

todes. En nuestra propuesta legislativa intentamos abordar el problema, planteando varias soluciones como son el reconocimiento del arraigo laboral y social de las personas que hayan ejercido el trabajo sexual en los últimos años, la formalización de las relaciones laborales ya existentes, así como la regularización de todas aquellas personas que actualmente ejercen el trabajo sexual. No obstante, para erradicar la discriminación es necesario un cambio radical de la normativa sobre extranjería.

D. ESTIGMA PUTA

> *"La prostituta ha sido fundamental en la construcción de la imagen de la bruja: la mujer que pide dinero por sus servicios sexuales, la mujer que pide dinero por la reproducción es la más mala, es la sirvienta del demonio. Esto es muy eficaz para disciplinar a todas las mujeres. Si eres mujer, no tienes acceso al trabajo asalariado que es masculino, pero te queda el matrimonio donde el sexo no se puede cobrar, pero forma parte del pacto así como el resto de tareas domésticas."*
>
> Silvia Federici[71]

Es recurrente cuando se organizan conversatorios con trabajadoras sexuales, que ante la pregunta "¿qué es lo que peor llevas de tu trabajo?" o alguna parecida, la respuesta mayoritaria sea "el estigma". Más concretamente, el estigma puta.

Según plantea Paula Sánchez en su libro *Crítica de la razón puta*[72], el estigma opera como un mecanismo de control cuyo propósito es dividir a las mujeres según su reputación sexual. Por un lado, se encuentran las "santas" o mujeres consideradas buenas, que la autora describe como madres, esposas y vírgenes; por otro lado, están las "putas", que incluyen a cualquier mujer deslegitimada. De esta manera, el estigma asociado a la prostitución contribuye a mantener la definición patriarcal de los roles masculinos y femeninos, etiquetando como "manchada" socialmente a la mujer que traspasa estos límites. El estigma funciona hacia fuera, de cara a la sociedad, marcando como dañinas y contagiosas a las detractoras de la norma. La persona afectada por un estigma social queda reducida a esa etiqueta, igno-

71. Silvia Federici, entrevista de NuriaAlabao, "El sexo para las mujeres ha sido siempre un trabajo", Madrid, *Ctxt*, 15 noviembre 2018. https:// ctxt.es/es/20181114/Politica/22841/ silvia-federici-el-sexo-ha-sido-un-trabajo-para-las- mujeres.htm

72. Paula Sánchez Perera, *Crítica de la razón puta: cartografías del estigma de la prostitución*, Madrid, La Oveja Roja, 2022.

rándose otros aspectos de su contexto, motivaciones y deseos, "dejamos de verlo como una persona total y corriente para reducirlo a un ser inficionado y menospreciado"[73].

En el caso del trabajo sexual, el estigma tiene mucho que ver con la idea de la inviolabilidad del cuerpo, especialmente en lo que respecta a la consideración de la inmoralidad de su venta, y más especialmente cuando se trata de algo considerado tan sagrado como el sexo y los genitales, idea que desarrollaremos en este apartado.

Esta prohibición moral a la venta del sexo puede vincularse al mantenimiento de un tipo de sociedad y modo de producción en el que existe una clara separación entre lo público y lo privado que se traslada a la economía en forma de una esfera productiva y otra reproductiva. Esta segunda esfera, la reproductiva, se ha asociado, como decimos, a lo privado, a algo que ha de estar fuera del mercado y del debate social pues pertenece a lo más íntimo de cada persona o familia. El trabajo sexual trasciende esta frontera, situá al sexo, lo privado, como un servicio que puede venderse y no algo exclusivo de la casa y del matrimonio. Es ahí donde vemos aparecer el estigma. Pero quizás la esfera de la reproducción nunca ha sido tan privada como se ha pretendido. La idea de lo económico se ha construido históricamente como una parcela que está aislada de lo social, y la parcela de lo económico ha sido reducida a una serie de dinámicas que tienen lugar dentro de los límites del mercado, pero que no afectan más allá de dicha parcela. Esta forma limitada de entender lo económico hace que se hayan dejado de lado otro tipo de relaciones cruciales para la subsistencia, como lo son los cuidados. El cuidado ha pasado a ser entendido como algo natural y una obligación moral, alejado de lo económico. Desde esta perspectiva, los cuidados —otro tipo de trabajo reproductivo—, al concebirse como fruto del amor, se consideran actividades que no requieren remuneración.Pero, en un mundo en el que las mujeres ya se han incorporado mediante el trabajo remunerado al trabajo productivo, esto supone para ellas una doble jornada: la jornada relativa al trabajo reproductivo de los cuidados que se entiende como natural en la mujer y la del trabajo productivo del mercado a cambio de un salario.[74]

---

73. Ibídem.

74. Dolors Comas-d'Argemir, "Cuidados y derechos: el avance hacia la democratización de los cuidados", *Cuadernos de Antropología Social*, núm. 49, 2019, págs. 13-29.

Tal como dice Federici[75], la hipocresía de la penalización del trabajo sexual radica en que ha sido la tarea realizada por todas las mujeres históricamente desde que empezó a cimentarse el sistema capitalista. Las mujeres han sido y son quienes se encargan de los cuidados de la casa, de dar de comer al obrero y de procrear al futuro trabajador. Pero solo se penaliza el trabajo sexual que se hace fuera del matrimonio y por dinero, se persigue a la mujer que se sale de la norma y decide vender su fuerza de trabajo con el trabajo sexual como medio de vida. Como venimos defendiendo desde los colectivos proderechos, si estamos en contra de la venta del cuerpo tenemos que estar en contra de todo trabajo asalariado. Sí no, el sexo, al igual que los cuidados, queda sacralizado como algo que es fruto única y exclusivamente del amor, algo con lo que es inmoral comerciar. De la misma forma en que el matrimonio supone el revestimiento de los cuidados bajo el manto del amor, para Leopoldina Fortunati[76], la prostitución sería la otra cara de la moneda. Existen diversas posturas que reflejan este sentido de inmoralidad, que van desde aquellas que retratan a la prostituta como una mujer cuya esencia misma se considera indigna, hasta aquellas que la representan como una víctima desprovista de agencia.

Feministas como Gayle Rubin o Gayl Pheterson se oponen a esta idea tan constreñida de la opresión y defienden que, a pesar de las estructuras de dominación que forman parte de las violencias ejercidas contra las mujeres, pensar en éstas únicamente en términos de peligro, sin reconocer los matices, podría reproducir una visión conservadora de la sexualidad femenina

---

75. Silvia Federici, entrevista de Nuria Alabao, "El sexo para las mujeres ha sido siempre un trabajo", Madrid, *Ctxt*, 15 noviembre 2018. https:// ctxt.es/es/20181114/Politica/22841/silvia-federici-el-sexo-ha-sido-un-trabajo-para-las- mujeres.htm

76. Leopoldina Fortunati, E*l arcano de la reproducción. Amas de casa, prostitutas, obreros y capital*, Madrid, Traficantes de sueños, 2019.
Leopoldina Fortunati, teórica feminista y militante marxista italiana, forma parte del núcleo de investigadoras vinculadas al movimiento Wages for Housework de los años '70, junto con Silvia Federici, Selma James y Mariarosa Dalla Costa. En su obra más influyente, *L'arcano della riproduzione. Casalinghe, prostitute, operaie e capitale* (1981), cuya traducción al español referenciamos aquí, Fortunati sostiene que tanto el trabajo doméstico como la prostitución son formas de trabajo reproductivo invisibilizadas y no reconocidas como tales por la economía política clásica, a pesar de ser fundamentales para la acumulación de capital. Su aporte radica en mostrar que el sexo —como los cuidados— no ha sido nunca ajeno al terreno económico, sino que históricamente ha constituido una forma de trabajo femenino que sostiene la producción y la reproducción social.

que no tendría en cuenta el deseo, el placer, el consentimiento, y en definitiva, su capacidad de agencia.[77]

El proceso de victimizar a las trabajadoras sexuales nace de la concepción de que la sexualidad femenina está intrínsecamente asociada al peligro. Desde esta perspectiva, resulta imposible reconocer que algunas mujeres instrumentalizan su capital erótico. La socialización en torno al riesgo sexual está ligada a la idea de que la sexualidad femenina está constantemente amenazada, lo que lleva a la creencia de que las mujeres debemos controlar y vigilar nuestra expresión sexual para evitar tanto la violencia masculina como la desvalorización social.

Además, se desarrolla un pánico sexual en el que la sexualidad de las mujeres es considerada principalmente desde el plano de potenciales víctimas de la violencia sexual. Este pánico implica la extensión de un terror sexual, generando una alarma social sobre la prostitución, no solo como reflejo de las desigualdades de género, sino como responsable de las violencias sexuales existentes. Si las trabajadoras sexuales no se perciben a sí mismas como víctimas, son etiquetadas como cómplices del sistema.

Entonces, ¿cómo pueden denunciar los delitos de los que son víctimas si se considera que la prostitución es una violación en sí misma? El estigma se hace presente cada vez que una trabajadora sexual opta por no acudir a la policía para denunciar un abuso sexual, incluso si este ocurre fuera de su lugar de trabajo, a causa del temor a que el hecho de ejercer la prostitución se vuelva en su contra como prueba incriminatoria. Si la prostitución en sí misma se percibe como una violación, se comprende que de alguna manera lo han aceptado, porque es una parte natural de su trabajo. Porque las víctimas son inocentes y puras, "merecen derechos, reparación, protección y justicia"[78], mientras que las prostitutas que han decidido ejercer la prostitución no son buenas víctimas, y por lo tanto son excluidas de la garantía y protección de sus derechos. Asimismo, sostenemos que la victimización de las mujeres no beneficia a nadie, pues el estatuto de víctima no garantiza derechos. Es posible reconocer y denunciar las violencias que nos atraviesan sin necesidad de recurrir a dicho estatuto, el cual constituye un privilegio más aparente que real.

---

77. Cristina Garaizabal, Laura Macaya y Clara Serra, *Alianzas rebeldes: un feminismo más allá de la identidad*, Barcelona, Bellaterra, 2022.

78. Paula Sánchez Perera, op. cit.

El estigma acompaña a las trabajadoras sexuales desde que se despiertan hasta que se duermen, y se ramifica y afecta en muchas áreas y aspectos de sus vidas y de su día a día. Una vez más, desde OTRAS tenemos que señalar a esos sectores feministas abolicionistas a los que les gusta hablar de las violencias terribles a las que el colectivo de trabajadoras sexuales se ven sometidas —nada se dice aquí de los hombres que ejercen—, pero de los que ninguno se para a escucharlas. Si lo hicieran de veras, sabrían que "violencia contra ellas" —es decir el ejercer la prostitución— es uno de los marcadores que utilizan los servicios sociales para activar la retirada de custodia de menores. El feminismo debería confrontar con rotundidad esta dicotomía mala mujer/buena mujer y no alimentarla con su discurso. Por lo visto, para ser una buena madre hay que cumplir con todos y cada uno de los requisitos patriarcales y hegemónicos de lo que es ser mujer.

Estigma es no contarle a tu médica/o de familia a qué te dedicas por miedo a que, a partir de ese momento, absolutamente cualquier dolor y malestar que tengas se deba a que eres puta. Y, además, si eres madre, volvemos a la casilla de salida, vivirás con el miedo a que contacten con los servicios sociales y te retiren la custodia de tus hijas/os. Estigma es tener que llevar una doble vida, mentir, callar y disimular para que no te echen del trabajo —si lo compaginas con el trabajo sexual—, te acosen o te chantajeen. Estigma es que el imaginario social de la prostitución sea tan negativo que no le cuentes a tu entorno a qué te dedicas por miedo a que te rechacen o denigren. Por eso, desde OTRAS y los colectivos de personas que ejercen el trabajo sexual, hablamos de Trabajo Sexual, porque es fundamental el reconocimiento de esta actividad laboral y acompañarla de los derechos que le corresponden. Será un paso fundamental para ir terminando con el estigma y las violencias a las que, quienes ejercen el trabajo sexual, se enfrentan. Si como sociedad perpetuamos la idea de que las personas que ejercemos este trabajo no somos merecedoras de derechos, se estará dando carta blanca a todas las violencias a las que nos enfrentamos como consecuencia de la falta de reconocimiento y visibilidad.

II. MODELOS LEGALES

A. BREVE ANÁLISIS DE LOS MODELOS EXISTENTES

Existen diferentes modelos legales e ideológicos para abordar el fenómeno del trabajo sexual. Dentro del sector del trabajo sexual, que recordemos incluye el porno, es la prostitución el apartado que históricamente ha estado en el punto de mira de la legislación. Así pues, los modelos legales siguientes han sido elaborados tomando como objeto central la prostitución, aunque todos ellos impactan de manera directa o indirecta, en el conjunto del trabajo sexual.

Modelo prohibicionista
La prostitución se concibe como un delito, es ilegal y amoral y ha de ser erradicada a través del castigo. Su ejercicio está prohibido y se criminaliza tanto a la persona que ejerce el trabajo sexual como a cualquier tercero que se lucra con la prostitución ajena consentida.[79] Suele considerarse proxeneta a todo tercero que se lucre con ésta —como pueden ser gestores/as o caseros/as— aunque haya consentimiento de la persona que se prostituye.

El prohibicionismo surgió en el s.XIX muy influenciado por la criminología positivista italiana.[80] El modelo prohibicionista se encuentra vigente en países como Estados Unidos —con la excepción de algunos pocos condados de Nevada—, Kenia, Uganda, Rusia, Irán, Pakistán y China.[81]

Modelo de penalización o prohibición parcial o suave
Hablamos de prohibicionismo suave porque se aborda desde el derecho administrativo sancionador y no tanto desde el penal. La compraventa de servicios sexuales es legal, pero se criminalizan muchos de los aspectos —sobre todo los visibles— del trabajo sexual, como pueden ser la oferta y la demanda de servicios en la calle, o trabajar varias personas en un mismo piso. En este modelo, como ocurre en prácticamente todos, el trabajo sexual callejero autónomo es el más perseguido. Se encuentra vigente en países como Inglaterra, Escocia y Gales.[82]

En el Estado español rige un modelo prohibicionista suave en relación al trabajo sexual callejero.[83] La "Ley Orgánica de protección de la seguridad

---

79. Alba Molina Montero, "El régimen jurídico de la prostitución y sus diferentes modelos ideológicos. Crítica penal y poder", *Observatorio del Sistema Penal y los Derechos Humanos*, núm. 15, 2018, págs. 130-149.

80. José María González Del Río, op. cit., pág. 11.

81. Juno Mac y Molly Smith, op. cit., pág. 185.

82. Juno Mac y Molly Smith, op. cit., pág. 147.

83. Carolina Villacampa, "Prohibicionismo suave para abordar el trabajo sexual callejero: ordenanzas cívicas y ley mordaza", *RELIES: Revista del Laboratorio Iberoamericano para el Estudio Sociohistórico de las Sexualidades*, núm. 4, 2020, págs. 113-120.

ciudadana" y las ordenanzas municipales posibilitan multar a las trabajadoras sexuales de calle y esta ha sido la tendencia en numerosas ciudades.[84]

Modelo abolicionista

El trabajo sexual se concibe como una forma de violencia de género ejercida por el hombre hacia la mujer —categoría entendida de forma excluyente. La trabajadora sexual —siempre en femenino— es víctima de la dominación que el hombre ejerce hacia ella.[85] Parte de un juicio moral sobre el trabajo sexual: es una actividad que atenta contra la dignidad y la igualdad de quien la ejerce.[86] La postura abolicionista entiende que erradicando la demanda —los clientes— la prostitución deja de existir, por eso opta por criminalizar al cliente. La diferencia fundamental con el prohibicionismo es que este modelo no criminaliza directamente a la prostituta considerada víctima de la relación de dominación, y, en teoría, se centra en perseguir y castigar todo lo que rodea la prostitución, aunque ésta sea consentida.[87] No obstante, en la práctica, la criminalización termina extendiéndose a la trabajadora sexual y la misma se convierte en víctima del propio sistema abolicionista.[88] De este modo, aunque el abolicionismo tiene como fin pro-

84. La asociación CATS realizó un "Informe de evaluación de la 'Ordenanza para luchar contra la prostitución en el municipio de Murcia'" en septiembre de 2014. El informe señala que el 76%, de un total de 83 expedientes sancionadores abiertos, son por ofrecer servicios sexuales mientras que el 24% son por demandar dichos servicios. De forma que se multa más a la persona que ejerce la prostitución que al cliente. https://www.asociacioncats. es/wp-content/uploads/2018/04/EVALUACI%C3%93N-DE-LA-ORDENANZA-CON-TRA-LA-PROSTITUCI%C3%93N-EN-EL-MUNICIPIO-DE-MURCIA.pdf

85. Alba Molina Montero, op. cit., pág. 134.

86. Melissa Farley, "«Bad for the body, bad for the heart»: prostitution harms women even if legalized or decriminalized" *Violence Against Women*, vol. 10, núm. 10, octubre 2004. https://doi.org/10.1177/1077801204268607

87. José María González Del Río, op. cit., pág. 12.

88. Informes, elaborados por los gobiernos sueco y noruego evaluando el impacto de las medidas abolicionistas en la vida de las trabajadoras sexuales, recogían paradójicamente que el abolicionismo ponía más en peligro su seguridad. En el caso de Suecia, la Junta Nacional de Salud y Bienestar sueca declaró en su informe "Prostitution in Sweden 2007", que «el miedo de los clientes a ser multados [...] hace más difícil encontrar lugares de encuentro seguros [...]. Los lugares de encuentro cada vez están más apartados [...]». Socialstyrelsen, "Prostitution in Sweden 2007", 2008, pág. 48. https://www.socialstyrelsen. se/publikationer/prostitution-in-sweden-2007-2008-126-65/
En el caso noruego, el informe "Purchasing Sexual Services in Sweden and Netherlands:

teger a la trabajadora sexual, sus consecuencias fácticas son las contrarias.[89] El abolicionismo es hoy en día una forma indirecta de prohibicionismo.

Países como Suecia, Noruega, Islandia, Francia, Canadá e Irlanda del Norte aplican variantes de este modelo legal —también conocido como "modelo nórdico"—, que penaliza al cliente prohibiéndo la compra de servicios sexuales.[90]

Modelo reglamentista

Éste parte del presupuesto de que la prostitución es un mal imposible de erradicar cuya prohibición no sería efectiva y opta por establecer normas para controlar la actividad y que los problemas que acarrea sean menos nocivos. Las dos típicas formas de control a través de la reglamentación son: por un lado, someter a quienes ejercen el trabajo sexual a controles rigurosos con el objeto de proteger la salud pública; y por otro, salvaguardar la seguridad ciudadana, el orden público y la moral social a través de la regulación de la localización de los espacios donde se ejerce la prostitución —también conocido como zonificación.[91]

Este modelo, mientras que establece obligaciones para quienes ejercen el trabajo sexual, como el sometimiento a controles sanitarios-policiales específicos,

---

Legal Regulation and Experiences, Report 2004", del Ministerio de Justicia y Seguridad Pública de Noruega llegaba a la conclusión de que: "Las prostitutas de calle suecas están pasando una época muy dura. Se exponen con más frecuencia a los clientes peligrosos, mientras que los clientes [legítimos] tienen miedo de ser detenidos (...). Tienen menos tiempo para evaluar al cliente, porque el trato se cierra apresuradamente debido al miedo que tiene el cliente." https://documentation.lastradainternational.org/doc-center/1902/purchasing-sexual-services-in-sweden-and-the-netherlands-legal-regulation-and-experiences-an-abbreviated-english-version-report-2004

89. «Quienes defienden el modelo nórdico tienen razón cuando dicen que el cliente se beneficia de un inmenso desequilibrio de poder; lo que no tienen en cuenta es que la penalización del cliente agrava este desequilibrio de poder. Esto puede resultar sorprendente; como escribe la abogada de derechos humanos Wendy Lyon: Podría suponerse intuitivamente que, en una transacción, la penalización de solamente una parte beneficie a otra parte. Sin embargo, esto olvida el hecho crucial, que no nos cansaremos de repetir, de que la trabajadora sexual necesita vender sexo en mucha mayor medida de lo que el cliente necesita comprarlo. Esta asimetría de necesidades es esencial para entender el impacto real del modelo nórdico. Y en efecto se intensifica cuanto más precaria sea la trabajadora». Juno Mac y Molly Smith, op. cit., pág. 229 y 230

90. Ibídem, pág. 219.

91. Alba Molina Montero, op. cit., pág. 147.

deja fuera el reconocimiento de sus derechos. Además, las medidas de control de espacio generan un clima de criminalización y empeoran las condiciones de su ejercicio.[92] Ha sido un modelo legal frecuentemente aplicado en el Estado español a través de las ordenanzas municipales[93] con las que se ha perseguido y criminalizado fundamentalmente a las trabajadoras sexuales de calle.

Modelo regulacionista

Supone la legalización de la prostitución, aunque desde una perspectiva de control más que de reconocimiento de derechos de las personas que ejercen el trabajo sexual. Se suelen igualar las palabras regulación, legalización y despenalización. Sin embargo, no son para nada lo mismo. La regulación supone que una actividad o conducta humana sea regulada a través de normas jurídicas. La legalización tiene sentido en contraposición a la criminalización: es que algo ilegal pase a ser legal. Cuando algo es legal significa que está permitido, no prohibido, independientemente de que esté o no regulado. La despenalización implica sacar del ámbito del derecho penal o sancionador el ejercicio de la compraventa de servicios sexuales.

En este modelo se entiende que la persona que ejerce el trabajo sexual decide por su propia voluntad prestar servicios sexuales a cambio de un precio en el mercado laboral, ya sea en su modalidad autónoma o por cuenta ajena —a terceros/asalariada.

---

92. "...la capacidad de negociación de las trabajadoras sexuales ha empeorado debido a la presión que las ordenanzas ejercen sobre las mujeres en el espacio público provocando que tengan que negociar y pactar los servicios con mayor rapidez por el miedo a ser sancionadas o que sancionen a los clientes. [...] la criminalización de la actividad sexual ha provocado cambios en el lugar de ejercicio del trabajo sexual, desplazando la actividad del espacio público al espacio privado o a un espacio público más hostil como pueden ser las zonas periféricas de las ciudades, polígonos o parques. Este desplazamiento de lugar de ejercicio, ya sea cambio de zonas de la ciudad o cambio de ciudades/pueblos, ha provocado el empeoramiento de las condiciones laborales de las mujeres: el traslado de un lugar conocido a un lugar desconocido implica dificultades que pueden suponer la pérdida de red de compañeras de trabajo, la pérdida de clientes habituales, entre otras [...]". María Barcons Campmajó, "Las ordenanzas municipales: entre la regulación y la sanción de la prostitución en España. *Crítica Penal y Poder,* núm. 15, 2018, OSPDH. Universidad de Barcelona

93. La zonificación de los lugares en los que están permitidos los prostíbulos o establecimientos donde se prestan servicios sexuales se ha llevado a cabo en muchas ciudades del Estado. Por ejemplo la ordenanza municipal de Bilbao sobre establecimiento públicos dedicados a la prostitución, de 1999 (modificada en 2002), en su artículo 4.1 regula la distancia mínima entre burdeles, estableciendo que sea de 500 metros.

Tiene tintes similares al modelo reglamentista. En tanto que en los países en los que está vigente suelen regularse las zonas donde está permitido el trabajo sexual, así como la obligación de que quien lo ejerce se someta a una consulta sanitaria que le permita solicitar un certificado que acredite que "está sana" y que es necesario para que puedan registrarse en un registro especial de personas que ejercen la prostitución.[94]

En el caso de Alemania, por ejemplo, existe la legalización y regulación del trabajo sexual por cuenta ajena y por cuenta propia o autónoma. En principio se reconocen derechos laborales y de Seguridad Social a quienes ejercen la prostitución. No obstante, los tintes reglamentistas del modelo alemán incrementan el estigma puta. Los controles sanitarios obligatorios se plantean desde una perspectiva higienizante y controladora, en vez de como reconocimientos médicos laborales típicos de muchos trabajos. El deber de solicitar la inscripción en un registro especial refleja una actitud de señalamiento y control, ya que no es una obligación común al resto de las personas trabajadoras, sino específica de las que ejercen el trabajo sexual. Por ejemplo, en Ginebra (Suiza), donde el trabajo sexual está regularizado, las personas trabajadoras sexuales que desean ejercer deben inscribirse previamente en la Brigada contra la Prostitución Ilícita y la Trata (BTPI). Este registro se realiza mediante una entrevista obligatoria como condición para poder trabajar, un requisito que no se impone a ningún otro trabajador migrante. La entrevista incluye, entre otras medidas, fotografiar el rostro de la trabajadora sexual.[95]

---

94. En Alemania, tal y como se puede consultar en webs del propio Estado o de apoyo al colectivo de personas trabajadoras —p.e.: https://www.cara.nrw/es/nuestros-temas/leyes/prostitucion-en-alemania—, existen toda una serie de deberes relativos al registro, consultas sanitarias y certificados para ejercer la prostitución. Entre ellos:

- El deber de registro de las personas trabajadoras sexuales (Anmeldepflicht), que solo podrán solicitar su inscripción en el mismo tras pasar un control de sanidad ante una autoridad alemana.
- El deber de llevar siempre consigo el certificado de registro (Anmeldebescheinigung).
- La obligación de someterse a consultas sanitarias varía en función de la edad: entre 18- 21 años la consulta deberá repetirse cada 6 meses y renovar el registro a los 12, para los/as mayores de 21 años la consulta se repetirá cada 12 meses y el registro tendrá que ser renovado cada 2 años.

95. *République et canton de Genève. Prendre rendez-vous avec la BTPI.* https://www.ge.ch/prostitution-geneve/prendre-rendez-vous-avec-btpi

Modelo despenalizador o proderechos

El modelo despenalizador del trabajo sexual consiste en eliminar las sanciones penales que recaen sobre quienes ejercen esta actividad y su entorno, reconociéndola como un trabajo que debe regirse por la normativa laboral y de salud, en lugar de por el derecho penal. Su objetivo es reducir la clandestinidad, garantizar derechos laborales y mejorar la protección frente a abusos y violencias. Uno de sus máximos exponentes prácticos es el caso de Nueva Zelanda.

B. EL CASO DE NUEVA ZELANDA

En el año 2003 se aprobó la Prostitution Reform Act en Nueva Zelanda, una norma que despenaliza el trabajo sexual y lo aborda desde una perspectiva proderechos. La Prostitution Reform Act —en adelante PRA— fue una norma creada directamente por el colectivo NZPZ —constituido por trabajadoras/es del sexo— en colaboración con los poderes públicos.

Tal y como exponen Gillian Abel y Lynzi Armstrong, «el modelo de despenalización neozelandés supone que los servicios sexuales se adquieren y se venden de forma libre, que no se criminaliza de forma directa ni indirecta a las/os trabajadoras/es del sexo, ni tampoco a los/as clientes o terceros»[96]. Difiere de los modelos regulacionistas o reglamentistas, entre otros aspectos, en que busca de forma explícita que las personas trabajadoras del sexo con derechos puedan luchar contra la violencia y la explotación, y que tiene como base un compromiso de reducción de daños en la industria del sexo.[97]

Las consecuencias de la aplicación de ésta ley son constantemente evaluadas por los poderes públicos e instituciones independientes, así como por el propio colectivo de personas trabajadoras sexuales. Una investigación realizada a los cinco años de su implantación concluyó que la despenalización con una perspectiva proderechos tiene numerosos impactos positivos sobre quienes se dedican al trabajo sexual[98]. Por ejemplo: las conclusiones de la misma destacaron una clara conciencia de sus derechos entre las personas que participaron, con un 90% de las 772 trabajadoras sexuales que

---

96. Gillian Abel y Lynzi Armstrong, *Trabajo sexual con derechos. Una alternativa de despenalización*, Barcelona, Virus, 2022. pág. 32.

97. Ibídem.

98. Prostitution Law Review Committee (PLRC). *Report of the Prostitution Law Review Committee on the Operation of the Prostitution Reform Act 2003*, Wellington, Ministry of Justice, 2008.

respondieron al estudio afirmando que sentían que tenían más derechos bajo la PRA que en el marco legal anterior. La investigación también destacó un mayor equilibrio de poder entre trabajadoras sexuales y clientes: un 65% de las participantes afirmaron que se sentían más capaces de rechazar clientes desde que la ley había cambiado. También se registraron efectos positivos entre las trabajadoras sexuales y las fuerzas del orden, con más de la mitad de las participantes apuntando que la policía mostraba una mejor actitud hacia ellas tras la despenalización.

La conclusión general del Comité de Revisión de la Ley de Prostitución que dirigió la revisión de la PRA fue que las trabajadoras sexuales se encontraban en una mejor situación en lo que se refería a su seguridad y bienestar, de lo que estaban anteriormente.[99]

Estudios e investigaciones llevados a cabo en Suecia —donde rige el modelo abolicionista— concluyen que las trabajadoras sexuales se ven obligadas a agilizar la interacción con los clientes para evitar así ser vistas por la policía, lo que lastra gravemente su capacidad de filtrar clientes que sean potencialmente problemáticos y/o peligrosos.[100] Sin embargo en el caso de Nueva Zelanda, donde las trabajadoras sexuales no tienen miedo a ser detectadas por la policía, tenemos el ejemplo de un estudio cualitativo con trabajadoras sexuales de calle que concluye que las participantes pueden tomarse su tiempo para decidir irse o no con un cliente, lo que se concreta en poder realizar preguntas más detalladas y evaluar mejor el comportamiento de los clientes—detectar posibles situaciones de peligro o problemas— antes de irse con ellos.[101] No obstante, el modelo proderechos neozelandés tiene también sus fallas, concretamente en lo relativo a las personas extranjeras que quieren dedicarse al trabajo sexual.[102] Consideramos que una

---

99. Ibídem, págs. 34-35.

100. Jay Levy y Pye Jakobsson, "Sweden's abolitionist discourse and law. Effects on the dynamics of swedish sex work and on the lives of sweden's sex workers", *Criminology & Criminal Justice*, vol. 14, 2014. https://www.researchgate.net/publication/275490901_Sweden%27s_abolitionist_discourse_and_law_Effects_on_the_dynamics_of_Swedish_sex_work_and_on_the_lives_of_Sweden%27s_sex_workers

101. Lynzi Armstrong, "Screening clients in a decriminalised street-based sex industry. Insights into the experiences of New Zealand sex workers", *Australian and New Zealand Journal of Criminology*, vol. 47, núm. 2, 2014, págs. 207-222.

102. La Prostitution Reform Act 2003, en su Sección 19, prohíbe expresamente trabajar en la industria del sexo a las personas migrantes. Esta Sección está siendo repensada y en pro-

despenalización como la neozelandesa, pero que tenga en cuenta a las personas en situación administrativa irregular o regular sin nacionalidad, es un primer paso para reconocer legalmente como ciudadanas a personas que ejercen el trabajo sexual, y garantizar su acceso a derechos laborales, de Seguridad Social, económicos y sociales.

A nivel internacional cada vez son más los organismos que advierten sobre lo ineficaz de abordar el trabajo sexual a través de la legislación penal, y que proponen medidas de reducción de riesgos como la despenalización.[103] Desde organizaciones como Amnistía Internacional[104] o la GAATW[105] (Alianza Mundial contra la Trata) defienden una postura pro-derechos y creen profundamente que la criminalización no es el camino para lograr salvaguardar los derechos de las personas que ejercen el trabajo sexual. El mismo planteamiento pro-despenalización y reconocimiento de derechos es recomendado desde organismos como la OMS, UNFPA (Fondo de Población de las Naciones Unidas)[106] y ONUSIDA[107].

---

ceso de modificación con el objetivo de salvaguardar los derechos de todas las personas, sea cual sea su situación legal. Se puede consultar aquí: https://www.parliament.nz/mi/pb/research- papers/document/00PLSocRP12051/prostitution-law-reform-in-new-zealand/

103. Irene Adán y asociación CATS, op. cit., pág. 68.

104. "Una de estas medidas es la despenalización de todos los aspectos del trabajo sexual ejercido por personas adultas sin coerción y sin que implique explotación ni abuso. Amnistía pide a los Estados que eliminen la regulación penal y toda otra regulación punitiva del trabajo sexual consentido entre personas adultas, dado que está demostrado que la penalización refuerza la marginación, el estigma, la discriminación e impide el acceso a la justicia. Además, los Estados deben defender los derechos humanos de las trabajadoras sexuales no sólo cuando lo dejan, sino también durante su ejercicio". Amnistía Internacional, "Los derechos humanos de las trabajadoras sexuales, ¿cuál es el compromiso de Amnistía Internacional?", informe, 2022. https://www.es.amnesty.org/en-que-estamos/blog/historia/articulo/los-derechos-humanos-de-las-trabajadoras-sexuales/

105. Global Alliance Against Traffic in Women (GAATW). "Special Issue - Sex Work", *Anti-Trafficking Review,* núm. 12: https://gaatw.org/resources/anti-trafficking-review/990-no-12-special-issue-sex-work

106. VV. AA., "Prevención y tratamiento del VIH y otras infecciones de transmisión sexual para trabajadores sexuales en países de ingresos bajos y medios. Recomendaciones para un enfoque de salud pública". Informe de OMS, UNFPA, ONUSIDA y NSWP, 2012. https://iris.who.int/handle/10665/172798

107. ONUSIDA, *El VIH y el trabajo sexual* [Folleto], 2021. https://www.unaids.org/sites/default/files/media_asset/05-hiv-human-rights-factsheet-sex-work_es.pdf

C. NUESTRA PROPUESTA: MODELO PRODERECHOS

Punto de partida

El modelo legal que defendemos desde el sindicato OTRAS se enraíza en el marco proderechos. Entiende a la persona que ejerce la prostitución como una trabajadora más que, de forma libre y voluntaria, decide ejercer el trabajo sexual como medio de subsistencia. Su fundamento se encuentra en la lucha contra la pobreza y la exclusión social, y en la defensa de la igualdad de trato y no discriminación de todas las personas.

Partimos del reconocimiento de la agencia de la persona trabajadora: la decisión de ejercer voluntariamente la prostitución es igual de legítima que la de dedicarse a cualquier otro trabajo. El mundo en el que vivimos está atravesado por un conflicto constante entre una clase dominante y una clase trabajadora. Mientras que los miembros de esta última trabajan para poder sobrevivir —tener acceso a una casa, a comida, a descansar, etc.—, el empresariado busca cómo maximizar beneficios con sus negocios. Todos los trabajos están atravesados por este mismo problema: trabajamos a cambio de un salario que nos permita sobrevivir.

Dentro de las lógicas neoliberales del mercado laboral, el contrato de trabajo que una persona firma empujada por una situación de necesidad o vulnerabilidad económica, no se considera nulo.[108] Las personas trabajadoras siempre están en una situación de vulnerabilidad frente al empresariado, pues sin trabajar tendrán dificultades para vivir en el sistema económico en el que estamos inmersas. El Derecho del Trabajo existe con su carácter tuitivo o protector para equilibrar la relación de poder desigual entre empresarios y trabajadores y evitar así un abuso de poder por parte de los primeros.

El artículo 35 de la Constitución Española declara el derecho y el deber de trabajar. Este doble carácter de derecho y deber del trabajo se traduce en que el acceso a los derechos sociales y económicos básicos se condiciona a que seamos, además de ciudadanas/os, personas trabajadoras.

El modelo proderechos que defendemos reconoce el trabajo sexual como un oficio o profesión más, de forma que las personas que lo ejercen han de hacerlo con el respeto y garantía de sus derechos laborales y de la Seguridad

---

108. «Carece de relevancia jurídica y no puede acogerse como auténtico vicio del consentimiento, la posible situación de apremio que obliga al trabajador a celebrar un contrato de trabajo». Alfredo Montoya Melgar, *Derecho del Trabajo*, Madrid, Tecnos, 2011, pág. 305.

Social. Esto requiere la despenalización y legalización de la prostitución, y su inclusión dentro de la normativa del Derecho del Trabajo y la Seguridad Social. Sin la existencia de registros especiales y controles sanitarios-policiales. Asimismo, requiere que se deroguen las normas administrativas sancionadoras y las ordenanzas municipales que se utilizan para perseguir y criminalizar el trabajo sexual callejero, y que se les reconozca poder de negociación a las trabajadoras sexuales de calle en la toma de decisiones sobre las zonas urbanas en las que se ejerce el trabajo sexual.

Este modelo supone:

- La descriminalización del trabajo sexual, extraiéndolo del Código Penal, del derecho administrativo sancionador, de las ordenanzas locales y/o de cualquier otra norma que lo aborde con carácter prohibitivo o persecutorio.[109]
- Su inclusión dentro del marco normativo del Derecho de Trabajo y la Seguridad Social, de forma que se garanticen los derechos de las personas trabajadoras del sexo en igualdad al resto de personas trabajadoras.

III. PASOS PARA LOGRAR UN SISTEMA PRODERECHOS EN EL ORDENAMIENTO JURÍDICO DEL ESTADO ESPAÑOL

Teniendo en cuenta el ordenamiento jurídico español vigente, proponemos los siguientes tres pasos paralelos para lograr un sistema proderechos:

> 1. Derogar el artículo 187.1 párrafo 2 del Código Penal y reconocer por ley la licitud del ejercicio de la actividad sexual remunerada, que puede realizarse bajo las diferentes modalidades de trabajo autónomo o independiente —profesional—, por cuenta ajena —cuando hay una parte empresarial para la que se trabaja— o por medio de cooperativas de trabajo asociado.

---

109. Sin perjuicio de que, como a todo trabajo, al trabajo sexual le sea de aplicación el Título XV. "De los delitos contra los derechos de los trabajadores", Libro II, del Código Penal. Sus artículos castigan conductas tales como: la imposición de condiciones ilegales en el trabajo; el tráfico ilegal de mano de obra; la discriminación laboral; los atentados contra la seguridad y salud de los trabajadores; y los ataques contra la libertad sindical y de huelga, entre otros.

2. Incluir el trabajo sexual asalariado dentro del marco del Derecho del Trabajo y la Seguridad Social, estableciendo en lo que sea necesario un marco jurídico especial que garantice sus derechos.

3. Derogar la normativa que penaliza o castiga la prostitución, compuesta fundamentalmente por el artículo 187.1 párrafo 2 del Código Penal, los apartados 5, 6 y 11 del artículo 36 de la "Ley Orgánica de protección de la seguridad ciudadana"[110], y la última parte del apartado 1 del artículo 11 de la "Ley Orgánica de garantía integral de la libertad sexual"[111], junto con el último inciso del párrafo segundo de la letra a) del artículo 3. de la Ley General de Publicidad[112], y todas aquellas ordenanzas municipales de los ayuntamientos que aborden el trabajo sexual desde una perspectiva punitivista y criminalizadora.

---

110. Ley Orgánica 4/2015, de 30 de marzo, de protección de la seguridad ciudadana, más conocida como "ley mordaza". [N. del E.]

111. Ley Orgánica 10/2022, de 6 de septiembre, de garantía integral de la libertad sexual, más conocida como "ley del solo sí es sí" o "ley del sí es sí". [N. del E.]

112. Ley 34/1988, de 11 de noviembre, general de publicidad. [N. del E.]

PARTE II
EL EJERCICIO DEL TRABAJO SEXUAL Y EL ORDENAMIENTO JURÍDICO VIGENTE

Con esta Parte II nos proponemos demostrar que un sistema proderechos es posible dentro del marco legislativo del ordenamiento jurídico del Estado español. Para ello analizamos cómo se aborda el trabajo sexual, en sus diferentes modalidades, en el derecho comunitario (UE) y el español: cómo se conceptualiza, cómo se persigue o permite, y qué han dicho los tribunales al respecto.

Distinguimos el análisis según las modalidades según las que se ejerce:

A. trabajo sexual autónomo o por cuenta propia

B. trabajo sexual a terceros o por cuenta ajena

C. cooperativas de trabajo sexual asociado

A. TRABAJO SEXUAL AUTÓNOMO

1. DERECHO COMUNITARIO: ORDENAMIENTO JURÍDICO DE LA UNIÓN EUROPEA

La adopción de una postura sobre el trabajo sexual por parte del Tribunal de Justicia de la Unión Europea (TJUE) comienza en el año 1981. La abordó en su vertiente de prostitución —compraventa de servicios sexuales.

Desde su primera sentencia abordando la cuestión, el TJUE ha considerado el trabajo sexual como actividad económica lícita que puede ejercer cualquier persona, dejando a las normas de cada Estado la potestad de prohibir o permitir su ejercicio. En los casos en los que se ha pronunciado el TJUE, las personas afectadas eran ciudadanas comunitarias, del Espacio Schengen o de países con los que se han firmado acuerdos interestatales. Este hecho es relevante porque de nuevo se hace una diferenciación categórica basada en la nacionalidad que determina en la práctica la desigualdad en el acceso a los derechos. Mientras que las personas que pertenecen a países comunitarios tienen reconocido el derecho a la libertad de movimiento y residencia en todos los Estados miembros de la UE, aquellas otras de terceros países no.

El TJUE reconoce la prostitución como una actividad económica lícita y la incluye dentro del conjunto de las actividades susceptibles de realizarse al amparo del derecho a la libertad de establecimiento y prestación de servicios, reconocidos en los artículos 26 —relativo al mercado interior—, 49 a 55 —a la libertad de establecimiento— y 56 a 62 —a la libre prestación de servicios— del Tratado de Funcionamiento de la Unión Europea (TFUE). El límite impuesto por el Tribunal es que la actividad sea lícita o no esté prohibida en el Estado miembro concreto en el que se pretenda desarrollar.[113] Por lo tanto, si en Alemania no está prohibida la prostitución, un/a ciudadano/a de la UE podrá solicitar un permiso de residencia para ejercer el trabajo sexual autónomo en el territorio alemán. En el caso de España parece que también podría solicitarse un permiso sujeto al ejercicio del trabajo sexual autónomo, ya que esta actividad no se encuentra directamente prohibida.

1.1. Sentencias del TJUE

Dos de las resoluciones del TJUE que marcaron esta línea liberal y de reconocimiento de ciertos derechos fueron:

*   Asunto Adoui (1982): las autoridades belgas denegaron las autorizaciones de residencia y trabajo solicitadas por dos ciudadanas francesas para ejercer el trabajo sexual en Bélgica. En los países de la UE, prácticamente todas las autorizaciones de residencia están sujetas a tener un trabajo, pero en este caso, ese trabajo era el trabajo sexual. Hecho que hizo que las autorizaciones fuesen denegadas. Tras la impugnación de esa resolución ante el TJUE, el mismo resolvió reconociendo por primera vez la prostitución como una actividad económica apta para justificar el derecho de establecimiento y residencia de otra persona comunitaria basándose, entre otras cuestiones, en que la normativa belga no consideraba ilícito su ejercicio y por lo tanto, para respetar el

---

113. Apartado 56 de la Sentencia Asunto Jany: https://curia.europa.eu/juris/document/document.jsf?docid=46850&doclang=es

principio de igualdad y no discriminación entre los/as ciudadanos/as de la Unión, había que aceptar que era posible obtener una autorización de residencia y trabajo por el ejercicio de la prostitución.[114]

- Asunto Jany (2001): seis mujeres de nacionalidad polaca y checa eran trabajadoras del sexo en Ámsterdam, alquilaban un escaparate y ejercían el trabajo sexual autónomo cumpliendo con las consecuentes obligaciones fiscales. Solicitaron el permiso de residencia para trabajar como prostitutas en Países Bajos y les fue denegado. La motivación de la denegación fue que la prostitución constituía una actividad prohibida, o, al menos, no se trataba de una forma de trabajo socialmente aceptada, no pudiéndose considerar un trabajo regular ni una profesión liberal.[115] Las trabajadoras recurrieron la decisión alegando que se estaba infringiendo el principio de no discriminación entre ciudadanos/as de la UE en relación a su derecho a iniciar y proseguir con actividades económicas por cuenta propia, así como el derecho a establecer y gestionar empresas. El TJUE señaló en su sentencia que la prostitución constituye una prestación de servicios remunerada comprendida en el concepto de actividades económicas, por lo que la actividad de la prostitución ejercida de manera independiente puede considerarse un servicio prestado a cambio de remuneración y por consiguiente está incluido en el concepto de "actividades económicas por cuenta propia" o "actividades no asalariadas".[116]

Actualmente la forma de abordar el trabajo sexual en los países de la Unión Europea es variada. Es legal en Estados como Países Bajos, Alemania o Austria, y se prohíbe en Francia, Suecia o Noruega. En 2022, Bélgica despenalizó el trabajo sexual y, en 2024, consolidó un sistema proderechos mediante la promulgación de la "Ley Laboral belga para trabajadoras sexuales". Esta legislación permite el ejercicio del trabajo sexual tanto en calidad de persona autónoma como para terceros, e introduce un marco ju-

---

114. Sentencia del Tribunal de Justicia de la UE del 18 de mayo de 1982: https://curia.europa.eu/juris/showPdf.jsf?text=&docid=91409&pageIndex=0&doclang=es&mode=lst&dir=&occ=first&part=1&cid=5081935

115. José María González Del Río, op. cit., pág. 41.

116. Sentencia del Tribunal de Justicia de la UE del 20 de noviembre de 2001: https://curia.europa.eu/juris/document/document.jsf?docid=46850&doclang=es

rídico que iguala derechos laborales, establece medidas de protección frente a la explotación y refuerza la seguridad jurídica del sector. Uno de los aspectos más significativos de la ley es la afirmación de la autonomía de las personas que ejercen el trabajo sexual a través del reconocimiento de una serie de libertades fundamentales. Estas incluyen el derecho a rechazar a un cliente o a un acto específico, a interrumpir la prestación del servicio en cualquier momento, y a ejercer su trabajo según sus propios términos. Además se contempla el derecho a evitar la exposición pública —por ejemplo, tras vitrinas o mediante anuncios— en situaciones que puedan comprometer su seguridad o dignidad. En esta misma línea, la norma habilita a las personas trabajadoras a poner fin a la relación contractual sin necesidad de preaviso ni penalización y sin perder el derecho a las prestaciones por desempleo. Complementariamente, se exige a los empleadores el cumplimiento de medidas concretas en materia de seguridad así como la entrada y acceso de sindicatos y organizaciones de apoyo.

El reconocimiento de la condición de actividad económica por parte del TJUE es un precedente positivo y, sobre todo, es importante porque deja abierta la posibilidad de avanzar hacia la legalización proderechos del trabajo sexual.

2. DERECHO INTERNO: ORDENAMIENTO JURÍDICO ESPAÑOL

2.1. Sentencia OTRAS

El fallo que dictó el Tribunal Supremo en casación resolviendo sobre la impugnación de los estatutos del sindicato OTRAS, reconocía la licitud del ejercicio del trabajo sexual autónomo.

El Tribunal Supremo consideró que había que respetar el derecho a la libre sindicación del colectivo que se dedicaba al trabajo sexual autónomo. Declaró la legalidad de los estatutos del sindicato argumentado la superioridad del derecho a la libertad sindical de quienes se dedican al trabajo sexual en su modalidad independiente. Sobre la prostitución por cuenta ajena determinó que los estatutos no serían aplicables ni extendibles a quienes la ejerzan mientras su laboralidad —que pueda ser objeto de un contrato de trabajo— siga sin ser reconocida por una norma jurídica.[117]

---

117. Sala de lo Social del Tribunal Supremo, sentencia núm. 584/2021 del 1 de junio de 2021: https://www.newtral.es/wp-content/uploads/2021/06/Sentencia-estima-recurso-sindica-

2.2. Derecho constitucional

Libertad e igualdad, y no discriminación. La carta magna reconoce la libertad como valor supremo del Estado español en el artículo 1.2 CE, lo que, en relación con el principio de legalidad, implica que está permitido todo aquello que no esté expresamente prohibido por una ley. En base a esto la doctrina judicial se ha posicionado a favor del reconocimiento de la licitud de la prostitución por cuenta propia, fundamentalmente el Tribunal Supremo en la sentencia[118] en que legalizó al sindicato OTRAS y la asociación de la patronal del sexo ANELA.

Asimismo, el respeto al derecho a la libertad de empresa, reconocido en el artículo 38 CE, ha servido de fundamento para dictar sentencias que reconocían el ejercicio de la actividad sexual como una actividad económica no prohibida por la ley.[119] Concretamente, la Audiencia Nacional indicó que al amparo de la libertad de empresa, el ejercicio de una actividad económica no puede condicionarse a que esta se encuentre regulada o contemplada por la ley. Continuaba señalando que la prostitución está regulada en el Código Penal negativamente, esto es, estableciéndose en qué "forma" está prohibida, pero no por ello prohibiendo toda clase de prostitución.[120] Según la Audiencia Nacional todo aquello sobre lo que el Código Penal y demás leyes guardan silencio está permitido, ya que si no sería contrario al principio de legalidad —artículo 9.3 y 25 CE— por el que se establece que, para que una conducta sea sancionada, es necesario que el reconocimiento de su ilegalidad o condena se encuentre en el ordenamiento jurídico, concretamente que se haya hecho en una ley. Para la Audiencia Nacional, la frontera entre la prostitución independiente legal y la ilegal no la determina que ésta sea remunerada o gratuita, sino la libertad de la persona que la presta, es decir, su consentimiento.[121] Además, la Audiencia Nacional

---

to-OTRAS.pdf?x73247

118. Ibídem.

119 Fundamento de corte neoliberal abordado por la jurisprudencia del Tribunal Supremo. No obstante, desde OTRAS creemos que es más pertinente vincularlo a la igualdad, al acceso a los derechos fundamentales y libertades públicas, y a los derechos económicos y sociales.

120. Audiencia Nacional, sentencia de 23 de diciembre de 2003: AS 2003, 3692.

121. Ibídem. Fundamento jurídico quinto: «Tampoco tiene sentido condicionar el ejercicio de una actividad económica a que esté regulada; la Constitución reconoce la libertad de empresa sin hacerla depender de la mayor o menor diligencia reguladora de los pode-

consideró que la sentencia del TJUE relativa al Asunto Jany anteriormente citada, en la que se reconoce la actividad sexual remunerada como una actividad económica lícita, es "perfectamente aplicable a un ordenamiento jurídico que como el nuestro no prohíbe expresamente tal actividad económica". El Tribunal Supremo asumió todos estos argumentos resolviendo negativamente el recurso presentado a la sentencia analizada.

Desde el sindicato OTRAS, más allá del derecho a la libertad de empresa, creemos que es importante fundamentar la defensa de la inclusión del trabajo sexual en el derecho a la igualdad y la no discriminación de todas las personas. Ambos son reconocidos en la Constitución Española —artículos 9 y 14 CE[122] — como derechos y valores fundamentales del ordenamiento jurídico español. Es en base a los mismos que exigimos la despenalización total del trabajo sexual, de forma que las personas que lo ejercen estén incluidas en las normas del Derecho del Trabajo y de la Seguridad Social. En el caso del trabajo sexual autónomo, aunque no está expresamente prohibido, es perseguido, castigado a través de normas administrativas sancionadoras y obstaculizado a través de normas —como las

---

res públicos. Pero es que además el concepto regulación es relativo. Y prueba de ello es precisamente la actividad de prostitución. Desde la perspectiva del estado democrático de derecho es una actividad regulada en cuanto el Código Penal, como constitución negativa, tipifica la prostitución que entiende incompatible con la ética constitucional, y a contrario sensu de su texto, perfila la que esta permite. Al efecto, la frontera no la fija el carácter altruista o remuneratorio del intercambio sexual, sino la libertad con que el mismo se presta. La relación pues no es antijurídica, por razones causales (el chalaneo prestacional) o por el objeto del intercambio sino solo en atención al consentimiento con que se presta el favor sexual sea porque la capacidad del arrendador está limitado — menores o incapaces — sea porque su voluntad está viciada, en el supuesto de los capaces.»

122. Constitución Española de 1978:

«— Artículo 9: [...]

2. Corresponde a los poderes públicos promover las condiciones para que la libertad y la igualdad del individuo y de los grupos en que se integra sean reales y efectivas; remover los obstáculos que impidan o dificulten su plenitud y facilitar la participación de todos los ciudadanos en la vida política, económica, cultural y social.

3. La Constitución garantiza el principio de legalidad, la jerarquía normativa, la publicidad de las normas, la irretroactividad de las disposiciones sancionadoras no favorables o restrictivas de derechos individuales, la seguridad jurídica, la responsabilidad y la interdicción de la arbitrariedad de los poderes públicos.

— Artículo 14: Los españoles son iguales ante la ley, sin que pueda prevalecer discriminación alguna por razón de nacimiento, raza, sexo, religión, opinión o cualquier otra condición o circunstancia personal o social.»

que contiene la "Ley Orgánica de garantía integral de libertad sexual"[123], que prohíbe su publicidad, como veremos más adelante. Teniendo en cuenta que el acceso a los derechos sociales y económicos básicos está supeditado al contrato de trabajo y a estar aseguradas en la Seguridad Social, los obstáculos y persecución que se lleva a cabo contra quienes se dedican al trabajo sexual autónomo generan la discriminación y desigualdad en el acceso a derechos fundamentales, económicos y sociales del colectivo respecto al resto de profesionales y/o trabajadoras.[124] Por ello la despenalización e inclusión en el ordenamiento laboral implicaría un avance en la igualdad de derechos de todas las personas.

2.3. Derecho administrativo sancionador. Normativa municipal

Existe una amplia normativa municipal de corte abolicionista y prohibicionista 'suave' —pues se persigue con normas administrativas y no penales— aprobada por los ayuntamientos que afecta fundamentalmente a las personas que ejercen el trabajo sexual de calle.

Esta normativa local se ha ido aprobando, en el Estado español, a partir de los años 2000. Su aprobación se justificó en la necesidad de hacer frente a diferentes fenómenos sociales —a la prostitución callejera o al botellón, por ejemplo— para los que no había una respuesta legal específica.[125]

---

123. Ver nota 105.

124. Así, por ejemplo, acceder a un periodo de baja médica por incapacidad temporal solo es posible tras haber cumplido un periodo de carencia —de días previamente cotizados o de alta en la Seguridad Social—, para acceder a la pensión de jubilación es requisito tener un periodo mínimo de años cotizados, etc.; conjunto de requisitos que en el caso del trabajo sexual las personas que lo desarrollan, aunque de facto los cumplan —por llevar años de trabajo—, de iure no, por no estar reconocido el trabajo sexual como trabajo, y también por el estigma. Igualmente en muchas ocasiones se ven obligadas a no poder revelar la fuente de sus ingresos, ya sea por el estigma, ya sea porque no existe una CNAE (Clasificación Nacional de Actividades Económicas), o un reconocimiento claro de su legalidad. Tampoco pueden protegerse ante posibles agresiones de los agentes de la autoridad. Lo mismo ocurre con el acceso a la vivienda. Para poder firmar un contrato de alquiler de vivienda o un préstamo bancario para comprar una casa suele ser requisito indispensable tener un contrato de trabajo en vigor o nóminas que demuestren una fuente de ingresos solvente. Los/as trabajadores/as sexuales autónomas, al no estar claramente legalizadas, no pueden hacer uso de este tipo de instrumentos. Estos son ejemplos de cómo los derechos de quienes ejercen la prostitución se ven obstaculizados y afectados por la clandestinidad a la que se arroja al trabajo sexual.

125. Carolina Villacampa, op. cit., págs. 113-130.

Muchos municipios siguieron el patrón de la Ordenanza de Barcelona, aprobada en el año 2005, que fue tomada implícitamente como modelo por la Federación Española de Municipios. Este tipo de ordenanzas sancionan el ofrecimiento, solicitud, negocio o aceptación de servicios sexuales en la vía pública cuando estas prácticas excluyan o limiten la compatibilidad de los diferentes usos del espacio público, así como realizar estas actividades en espacios situados a menos de determinada distancia de centros educativos o docentes, prohibiendo mantener relaciones sexuales retribuidas en el espacio público en general.[126]

Entre las consecuencias de las normativas de este tipo, algunos estudios destacan: el incremento del control policial en las zonas de su ejercicio, la disminución de clientes, la disminución de ingresos o la mayor dificultad y pérdida de poder para negociar con el cliente.[127]

En aquellas localidades en las que no hay una normativa municipal específica sobre trabajo sexual se suele aplicar la "Ley Orgánica de protección de la seguridad ciudadana", conocida como "Ley Mordaza", para perseguirlo.[128] Por lo tanto, aunque el trabajo sexual independiente sea legal y el Tribunal Supremo se haya pronunciado reconociendo la licitud de su ejercicio en base al principio de legalidad, el ejercicio del mismo es perseguido y se obstaculiza a través de numerosas disposiciones sancionadoras contenidas en la Ley Mordaza y en las normas municipales mencionadas.

Los efectos de la Ley Mordaza se extienden fundamentalmente al ámbito del trabajo sexual de calle, que es castigado subsumiéndolo bajo

---

126. Ibídem, págs. 113-130.

127. Además, tal como señalan Carolina Villacampa Estiarte y Nuria Torres Rosell: "Los resultados arrojados por la investigación muestran que la aplicación de políticas prohibicionistas, aunque sean en una versión suave como la que se adopta en nuestro país, constituyen fundamentalmente un agente que precariza todavía más las condiciones de desempeño de la actividad de trabajadores sexuales y que, por tanto, los victimiza, lejos de abolir, como supuestamente se pretende, el ejercicio de dicha actividad. Los temores expresados por los colectivos de trabajadores sexuales y por organizaciones asistenciales de tales colectivos en el sentido de que la ofensiva contra la prostitución callejera contribuiría fundamentalmente a penalizar la pobreza podrían así verse confirmados." Carolina Villacampa Estiarte y Nuria Torres Rosell en "Políticas criminalizadoras de la prostitución en España. Efectos sobre las trabajadoras sexuales", *Revista electrónica de ciencia penal y criminología*, núm. 15, 2013. https://repositori.udl.cat/server/api/core/bitstreams/650ae4eb-6bdc-47dd-bdb8-55cc9500a9a1/content

128. María Barcons Campmajó, op. cit., pág. 97.

diferentes infracciones.[129] La potestad para imponer las multas la tiene la policía, que es la autoridad encargada de velar por la seguridad ciudadana. La entrada en vigor de dicha ley supuso la imposición de numerosas multas a las trabajadoras sexuales de calle en virtud del artículo 36.1 párrafo 11, que establece como infracción grave "la solicitud o aceptación de servicios sexuales remunerados en áreas de tránsito público cercanas a lugares destinados al uso de menores, como centros educativos, parques infantiles o espacios de ocio accesibles para menores, o cuando estas acciones, por su ubicación, puedan representar un riesgo para la seguridad vial".[130]

Aunque a priori parezca que la ley tiene por objeto sancionar al cliente que demanda servicios sexuales, la misma ley señala que "los agentes de

---

129. Las fuerzas del orden suelen recurrir a los siguientes tipos de infracción:
«– Artículo 36:
6. La desobediencia o la resistencia a la autoridad o a sus agentes en el ejercicio de sus funciones, cuando no sean constitutivas de delito, así como la negativa a identificarse a requerimiento de la autoridad o de sus agentes o la alegación de datos falsos o inexactos en los procesos de identificación.(...)
11. La solicitud o aceptación por el demandante de servicios sexuales retribuidos en zonas de tránsito público en las proximidades de lugares destinados a su uso por menores, como centros educativos, parques infantiles o espacios de ocio accesibles a menores de edad, o cuando estas conductas, por el lugar en que se realicen, puedan generar un riesgo para la seguridad vial.
– Artículo 37:
5. La realización o incitación a la realización de actos que atenten contra la libertad e indemnidad sexual, o ejecutar actos de exhibición obscena, cuando no constituya infracción penal.»
Ley Orgánica 4/2015, de 30 de marzo, de protección de la seguridad ciudadana, op. cit.

130. Por entender mejor la dinámica de esta infracción-sanción, acudimos a lo que relata Paula Sánchez Perera: «El artículo 36.6 sanciona la desobediencia a la autoridad con multas de 600 a 30.000 euros, y supone una suerte de cajón de sastre para penalizar libertades básicas en el espacio público a través de la arbitrariedad policial. Las trabajadoras sexuales de Villaverde describían que la práctica habitual de los agentes de la UCRIF (Unidad Central de Redes de Inmigración Ilegal y Falsedades Documentales) era la de primero advertirles de que se abstuvieran de ofrecer servicios sexuales en aquellas zonas que el artículo que multa a la clientela sanciona, aludiendo al riesgo sobre la seguridad vial. Si la policía, al volver a patrullar la zona, las seguía encontrando en el polígono, estuviesen ejerciendo en su zona de trabajo o esperando la guagua—canarismo, autobús en la península—, las multaba a través del artículo 36.6. Por lo tanto, la desobediencia a la autoridad constituye un subterfugio teórico-administrativo para sancionar también el ejercicio de la prostitución, con la misma suma imponible al cliente.» Paula Sánchez Perera, *Crítica de la razón Puta*, op. cit., pág. 107

la autoridad requerirán a las personas que ofrecen estos servicios para que se abstengan de hacerlo en dichos lugares, informándoles que el incumplimiento de dicho requerimiento podría constituir una infracción del párrafo 6 de este artículo". De este modo la penalización afecta tanto al cliente como la trabajadora, en éste caso bajo la amenaza de imposición de una sanción por "desobediencia o resistencia a la autoridad", con multas que van de los 100 a 30.000 euros. Durante el primer año de vigencia de esta ley el colectivo Hetaira informó de que las multas en el polígono de Villaverde (Madrid) alcanzaron la cantidad de 30 al día.[131]

Pese a que en los últimos años se haya constatado la disminución de la imposición de sanciones administrativas, esto no ha supuesto una disminución de la hostilidad policial: "La simple presencia y patrullaje policial en las zonas donde se ejerce la prostitución —medida típica del paradigma de corte abolicionista— produce un efecto disuasorio sobre los clientes. Esto conduce a una disminución en los ingresos de las trabajadoras, que a su vez, se ven obligadas a reducir sus tarifas.

De las encuestadas por la asociación CATS en su Informe, hasta un 41% ha comunicado haber sufrido abusos policiales, y un 36% ha declarado no recibir ayuda de la policía cuando la ha necesitado.[132]

Asimismo, las trabajadoras sexuales de calle denuncian que en las sanciones impuestas a los clientes se incluyen su nombre, apellidos y demás datos identificativos, lo que compromete todavía más su seguridad y privacidad.[133]

2.4. Ley Orgánica 10/2022 de Garantía integral de la Libertad Sexual

La conocida como la "Ley del solo sí es sí"[134] sanciona como ilícita la publicidad de la prostitución en las medidas que recoge sobre la "prevención

---

131 Ibídem., pág. 114.

132. Asociación CATS, "Informe de la Investigación: las prostitutas hablan de violencias...", op. cit.: "Los principales abusos policiales que se han registrado son; redadas en sus lugares de trabajo (26%), malos tratos verbales (10%), multas (9%), detenciones (6%) y la imposición de expedientes de expulsión (6%). Del total de quienes son o han sido víctimas de trata, han sufrido redadas (31%), multas (10%) y la imposición de expedientes de expulsión (4%)."

133. Paula Sánchez Perera, op. cit. pág. 42.

134. Ver nota 105.

y sensibilización en el ámbito publicitario". La consecuencia de esta novedad muy cercana al prohibicionismo, ha sido el cierre de las páginas web donde el trabajo del sexo promocionaba sus servicios. La independencia y el poder de quienes ejercen el trabajo sexual disminuye con medidas de este tipo, pues al limitarles un acceso fácil a medios de publicidad, crece la necesidad de acudir a locales de terceros a trabajar, como clubes o establecimientos de alterne que cuentan con sus propios medios publicitarios y atracción de clientes.[135]

B. TRABAJO SEXUAL A TERCEROS

1. TRABAJO A TERCEROS

Comenzaremos explicando el concepto de trabajo asalariado: cuáles son las notas que lo definen y qué requisitos se tienen que cumplir para que esté dentro del ámbito de regulación del Derecho del Trabajo y el resto de normas laborales y de la Seguridad Social.

1.1. Concepto de trabajo a terceros: asalariado, por cuenta ajena.

Las notas características del trabajo asalariado son que sea personal, voluntario, dependiente, por cuenta ajena y retribuido.[136] En el trabajo sexual a terceros —tanto en la prostitución como en el porno— estas notas se dan

---

135. Los establecimientos donde se ejerce la prostitución por cuenta ajena son comúnmente conocidos por el público, lo que facilita que los clientes los identifiquen. Además, los clubes de alterne, bares o centros de masajes tienen sus propios medios publicitarios, como pueden ser letreros, cartelería, luces.

136. Personal: "... el trabajo ha de ejecutarse personalmente por el/a propio/a prestador/a del servicio, es decir, por parte del/a trabajador/a. (...)",
Voluntariedad: libertad de decisión de comprometerse a prestar ese servicio.
Ajenidad: "el resultado del trabajo o por ser más precisos, la utilidad patrimonial de la prestación de servicios se asigna desde su origen al empleador, en la medida en que a través de tal relación contractual el empleado pone su fuerza de trabajo a disposición del empleador y, por ende, el resultado de su esfuerzo pertenece al empleador (...). (Luego el empresario lo retribuye).
Dependencia (subordinación jurídica de la trabajadora): "se manifiesta en el hecho de que el trabajador pone a disposición del empleador su fuerza de trabajo, de modo que ha de ejecutar su prestación sometido a los poderes organizativos y de dirección del empresario".
Retribuido: La prestación de servicios es a cambio de dinero que paga el empresario al trabajador.
Jesús Cruz Villalón, *Compendio de Derecho del Trabajo*, Madrid, Tecnos, 2022, pág. 33

de manera prácticamente igual que en el resto de trabajos, con matizaciones en cuanto la ajenidad y la dependencia.

La ajenidad y dependencia están relacionadas con el poder de dirección y organización de la parte empresarial, reconocido en el artículo 20 del Estatuto de los Trabajadores. Este poder implica que es dicha parte —la empresa— la que tiene la potestad de tomar las decisiones que considere pertinentes para dirigir y organizar los medios humanos y materiales de producción: los horarios de apertura y cierre, el calendario laboral y el código de vestimenta, entre otros. En la propuesta del sindicato OTRAS defendemos que en el caso del trabajo sexual es necesario matizar y limitar este poder debido a las particularidades que el mismo conlleva.

Ajenidad y dependencia:
El Tribunal Supremo y otros tribunales del Estado se han pronunciado en muchas ocasiones no reconociendo la posibilidad de que el objeto de un contrato de trabajo sea la prestación de servicios sexuales remunerados. Este no reconocimiento de la laboralidad del trabajo sexual se suele fundamentar en cuestiones morales y/o relacionadas con la dignidad de la persona que se prostituye. Como veremos más adelante, la moral y las buenas costumbres son conceptos cambiantes y lo que en un momento se considera inmoral, años después puede ser considerado acorde a la moral y viceversa. Por ejemplo, hasta no hace mucho se reconocía el derecho del hombre sobre la mujer, y el Código Civil español trataba a las mujeres como menores de edad que dependían de sus padres hasta que se casaban y pasaban a depender de sus esposos. No se les reconocía plena capacidad de obrar y la violencia machista era aceptada e incluso defendida.

Analizar el ordenamiento jurídico vigente y el argumentario de las sentencias, que veremos a continuación, con el afán de superar el enquiste moral, nos permite imaginar y entender el trabajo sexual dentro del marco legislativo vigente como una relación laboral especial entre la parte trabajadora sexual y la empresarial, en la que la dependencia y la ajenidad concurren de forma diferente a cómo lo hacen en las relaciones laborales comunes.

—La ajenidad, tal como está conceptualizada en el ámbito del Derecho Laboral, implica que el resultado del trabajo que la persona trabajadora hace, le pertenece desde el origen a quien le contrata. El/la trabajador/a pone su fuerza de trabajo a disposición de la parte empresarial, quien paga un salario a cambio. La utilidad patrimonial del trabajo realizado, esto es, el resultado del esfuerzo de la persona trabajadora, pertenece a la parte ampresarial.[137]

En el caso del trabajo sexual se suele argumentar, para negar su carácter laboral, que hay una venta del cuerpo de la persona que se prostituye, como si esa venta del cuerpo fuese una particularidad del trabajo sexual y no la característica común de todo trabajo asalariado. Este argumento, planteado exclusivamente para las personas que ejercen el trabajo sexual es equivocado. En el sistema capitalista en el que se inserta el trabajo asalariado todas las personas trabajadoras se someten a la mercantilización de sus cuerpos y venden su fuerza de trabajo a cambio de un salario. En el trabajo sexual también se da esa venta de la fuerza de trabajo. El cliente no paga por el cuerpo de la mujer, por su consentimiento o por su vagina, como suele argumentarse desde sectores abolicionistas y transexcluyentes. Defender que la trabajadora sexual no puede vender su fuerza de trabajo en el ámbito sexual es una postura profundamente patriarcal pues otorga a esta parte del cuerpo —fundamentalmente a la entrepierna— una superioridad sobre el resto del mismo y de nuevo cae en vincular la dignidad de la mujer con "su entrepierna". La fuerza de trabajo que se vende en el intercambio económico sexual es la misma y tiene el mismo valor que la vendida en el resto de trabajos por cuenta ajena. Si estamos en contra de la venta de la fuerza de trabajo en el intercambio sexual, entonces deberíamos estar en contra de toda venta de nuestra fuerza de trabajo, y seríamos abolicionistas del trabajo asalariado en general, no solo en el ámbito de la industria del sexo.

—La dependencia es la subordinación jurídica de la persona trabajadora a la parte empresarial "...se manifiesta en el hecho de que pone a disposición del empleador su fuerza de trabajo, de modo que ha de ejecutar su prestación sometida a los poderes organizativos y de dirección del empresario"[138].

La dependencia en el trabajo sexual es relativa, pues tiene como límites el consentimiento de la persona trabajadora y la no coacción por parte de la

---

137. Ibídem, la "utilidad patrimonial de la prestación de servicios, se asigna desde su origen al empleador, en la medida en que a través de tal relación contractual el/la trabajador/a pone su fuerza de trabajo a disposición del empleador/empresario y, por ende, el resultado de su esfuerzo pertenece al mismo (...). El empresario retribuye dicha fuerza de trabajo a través del salario o remuneración anterior".

138. Ibídem.

parte empresarial: en la persona trabajadora reside la potestad de decidir sobre aspectos relativos al tiempo y modo de la prestación de servicios sexuales, qué prácticas realiza y cuáles no, y a qué clientes presta sus servicios. La dependencia relativa implica la matización y limitación del poder empresarial a favor de *ius resistentiae* —derecho de resistencia— de la persona trabajadora.

Poder empresarial de dirección y organización:
Este poder del empresario consiste en un conjunto de facultades jurídicas a favor del mismo.[139] En el caso del trabajo sexual ha de estar limitado por el consentimiento particular de la persona trabajadora a realizar un determinado servicio sexual. El consentimiento tiene que ser específico a cada servicio, no pudiendo interferir la parte empresarial en la decisión de la persona trabajadora respecto a qué servicios realizar o si prestar servicios a un cliente concreto. El empresario puede decidir aspectos relativos al ya citado horario de trabajo, o calendario laboral, el lugar de la prestación de servicios o los códigos de vestimenta, entre otros. No obstante, no podrá decidir sobre el modo de prestación de servicios ni podrá obligar a ninguna persona trabajadora a prestar servicios sexuales cuando no haya consentimiento.

Contamos todo esto para ayudar a entender que es posible contemplar la laboralidad del trabajo sexual, y que, de hecho, en la práctica ya se dan las notas del trabajo por cuenta ajena solo que sin el consecuente reconocimiento de derechos para las personas trabajadoras. Ahora sí pasamos a analizar el ejercicio del trabajo sexual por cuenta ajena y el ordenamiento jurídico europeo.

2. TRABAJO SEXUAL ASALARIADO EN EL MARCO DE LA UNIÓN EUROPEA: DERECHO COMUNITARIO

A partir de ahora el análisis se centrará en el trabajo sexual por cuenta ajena en su modalidad de prostitución, es decir, en la prestación de servicios sexuales previo pago.

---

139. Ibídem, pág. 213: las facultades jurídicas que implican son: 1. Poderes directivos, como la capacidad de organización de la actividad dentro de la empresa, dando órdenes e instrucciones sobre el horario y lugar de prestación de los servicios; 2. Poderes de control, que supone controlar que la persona trabajadora cumple las órdenes dadas; 3. Poderes disciplinarios, consistente en el poder de sancionar las faltas de los/as trabajadores/as.

La Directiva 2011/36, relativa a la prevención y lucha contra la trata de seres humanos y a la protección de las víctimas, instauró la ideología abolicionista en el ámbito comunitario. En ella se igualan la trata y el trabajo sexual.

Además, existen dos novedades contradictorias y ambiguas sobre el trabajo sexual en Europa:

- La resolución del Parlamento Europeo, de 14 de septiembre de 2023, sobre la regulación de la prostitución en la Unión con un sentido claramente abolicionista: el Parlamento Europeo en su punto 42. pide a los Estados miembros que garanticen que se castiga como delito penal la explotación de la prostitución de otra persona, incluso con el consentimiento de la misma.

- El Tribunal Europeo de Derechos Humanos (TEDH) admitió a trámite al final del verano de 2023 la denuncia de 261 trabajadoras contra la ley abolicionista francesa —Ley n° 2016-444 de 13 de abril de 2016 "para fortalecer la lucha contra el sistema de la prostitución y de acompañamiento a las prostitutas"[140]. La demanda interpuesta por las trabajadoras sexuales denunciaba la criminalización de la compra de relaciones sexuales, incluyendo las consentidas entre adultos, que hace dicha ley aprobada. El TEDH, en su sentencia[141] ha reconocido por primera vez que "la mera existencia de la ley tiene un impacto negativo sobre los trabajadores sexuales" y añade que "los demandantes han presentado pruebas que indican ampliamente que la clandestinidad y el aislamiento inducidos por esta criminalización aumentan los riesgos a los que están expuestos".

En dicha sentencia del 25 de julio de 2024, aunque el Tribunal reconoció expresamente que la ley francesa tiene un impacto negativo sobre las personas que ejercen trabajo sexual, y que la clandestinidad a la que empuja la criminalización incrementa su exposición a situaciones de riesgo, desestimó la demanda con el argumento del objetivo "legítimo" de combatir las "actividades delictivas basadas en la coerción y la esclavitud de seres humanos".

---

140. Texto de la ley: https://www.legifrance.gouv.fr/loda/id/JORFTEXT000032396046

141. Caso M.A. y otros contra Francia [AFFAIRE M.A. ET AUTRES c. FRANCE, Requêtes nos 63664/19 et 4 autres] del 25 de julio de 2024: https://hudoc.echr.coe.int/fre#{%22ite mid%22:[%22001-235143%22]}

Esta resolución ha sido ampliamente cuestionada por profesionales expertos y organizaciones de derechos humanos, que denuncian que el Tribunal ha sacrificado las garantías individuales en favor de una agenda abolicionista promovida desde sectores ideológicos. Al priorizar fines abstractos sobre los efectos materiales y probados de la norma impugnada, el TEDH no solo desoye las pruebas aportadas, sino que se aparta de su propia jurisprudencia en materia de protección estructural de derechos, debilitando gravemente el papel del Convenio Europeo como límite jurídico frente a políticas estatales que reproducen formas estructurales de violencia institucional.[142]

3. DERECHO 'INTERNO' Y TRABAJO SEXUAL POR CUENTA AJENA: ORDENAMIENTO JURÍDICO ESPAÑOL

3.1. Derecho Penal

La prohibición del trabajo sexual por cuenta ajena en el Código Penal no es clara. Se utiliza el término explotación, muy ambiguo y criticado por la inseguridad jurídica que genera.[143] Como veremos más adelante, dependiendo de si hacemos una interpretación flexible o estricta del término "explotar", cambia el hecho constitutivo del delito, en el tipo jurídico, en relación a la actividad sexual remunerada.[144]

3.2. Derecho civil

Para los siguientes epígrafes hemos seguido el análisis tan acertado que hace José María González del Río en su libro.[145] ¿Es posible un contrato de trabajo que tenga por objeto prestar servicios sexuales a cambio de remune-

---

142. Fleur van Leeuwen y Marjan Wijers, "When Ideology Trumps Rights: The ECtHR's Rejection of Sex Workers' Human Rights in M.A. and Others v. France", *Oxford Human Rights Hub, 2024.* https://ohrh.law.ox.ac.uk/when-ideology-trumps-rights-the-ecthrs-rejection-of-sex-wor kers-human-rights-in-m-a-and-others-v-france/

143. José María González del Río, op. cit., pág. 107.

144. Si se interpreta el término explotar en sentido estricto, estaríamos hablando de que es ilegal que una persona obtenga lucro con la prostitución consentida de ésta, pero siempre que exista explotación, esto es, abuso de posición frente a la persona prostituida. De este modo quedaría fuera del tipo penal el lucro de un tercero sobre la prostitución ajena consentida. Si, por el contrario, se interpreta de forma más amplia, se puede incriminar a cualquier persona que intervenga y obtenga beneficios de la prostitución ajena voluntaria.

145 Ibídem, págs. 99 y ss.

ración? El mayor obstáculo que se suele interponer para dar una respuesta afirmativa, se encuentra en la teoría general del contrato contenida en el Código Civil. El artículo 1275 Código Civil (CC) dice: «Los contratos sin causa, o con causa ilícita, no producen efecto alguno. Es ilícita la causa cuando se opone a las leyes o a la moral.» Los argumentos suelen pivotar en torno a que el contrato de trabajo sexual tiene una causa y objeto ilícitos por oponerse a la moral, y por lo tanto es nulo y sin efectos.

Ilicitud de la causa y el objeto

El artículo 1261 del CC establece como presupuestos esenciales del contrato, el consentimiento, el objeto y la causa; sin ellos el negocio jurídico es nulo, lo que implica que no existe conforme a derecho y que no tiene efectos.

El problema, como José María González del Río señala en su libro, "radica en determinar si la prestación de los servicios sexuales remunerados sobre los que gira la causa y el objeto del acuerdo entre partes, permite la válida celebración del contrato de trabajo". La doctrina judicial tiende a responder negativamente a esta pregunta, aludiendo a los artículos 1271 y 1275. El artículo 1271 señala que pueden ser objeto de contrato «todos los servicios que no sean contrarios a las leyes o a las buenas costumbres», y el 1275 que «Los contratos sin causa, o con causa ilícita, no producen efecto alguno. Es ilícita la causa cuando se opone a las leyes o a la moral». En adelante analizaremos estos dos posibles obstáculos:

— Contraria a la ley: para dilucidar si el contrato de trabajo sexual tiene un objeto contrario a la ley, tenemos que volver al obstáculo del artículo 187.1 CP. Este artículo dispone:

«1. El que, empleando violencia, intimidación o engaño, o abusando de una situación de superioridad o de necesidad o vulnerabilidad de la víctima, determine a una persona mayor de edad a ejercer o a mantenerse en la prostitución, será castigado con las penas de prisión de dos a cinco años y multa de doce a veinticuatro meses.

Se impondrá la pena de prisión de dos a cuatro años y multa de doce a veinticuatro meses a quien se lucre explotando la prostitución de otra persona, aun con el consentimiento de la misma. En todo caso, se entenderá que hay explotación cuando concurra alguna de las siguientes circunstancias:

Que la víctima se encuentre en una situación de vulnerabilidad personal o económica.

*Que se le impongan para su ejercicio condiciones gravosas, despropor-
cionadas o abusivas.»*

Dependiendo de la interpretación del término "explotar" la prostitución por
cuenta ajena estaría completamente fuera del contrato de trabajo, o no. Si se
le da un sentido flexible estaríamos ante la prohibición expresa de que pueda
haber una relación laboral por cuenta ajena en la prostitución, pero si se le
da un sentido estricto estaría prohibida dicha conducta cuando medie abuso
de posición por parte de la persona que explote indebidamente a la persona
que se prostituye aunque lo haga con su consentimiento. No obstante, parece
que los tribunales no han aceptado la interpretación flexible o más amplia.

Sectores de la doctrina penalista y laboralista defienden el mismo planteamiento que para el caso del trabajo sexual autónomo.[146] Es decir, que en
virtud del principio de legalidad no es posible, en un estado de Derecho
como es el español, hacer una interpretación restrictiva de las normas que
tenga como consecuencia la limitación de derechos para las personas. Por
lo tanto, si una actividad no está estipulada de forma explícita como prohibida o ilícita por una ley, hay que respetar la libertad de llevarla a cabo.

— Contraria a la moral y a las buenas costumbres: la moral o las buenas costumbres —términos utilizados a menudo en contra del ejercicio
del trabajo sexual— son conceptos indefinidos y abstractos para los que
los tribunales que han dictado sentencias al respecto, no han entrado a dar
una definición clara. El Tribunal Constitucional ostenta la competencia de
interpretar la Constitución Española, y el alcance de las disposiciones o
términos contenidos en ella. Sobre la moral(idad) ha señalado que es sus-
ceptible de concreciones diferentes según las distintas épocas y países, por
lo que no es algo inmutable desde la perspectiva social.[147]

Dignidad de la persona que se prostituye

El argumento de que el ejercicio del trabajo sexual es contrario a la dignidad de la persona que se prostituye, ha sido constantemente utilizado por los
tribunales españoles para negar la licitud de la compraventa de servicios sexuales. Amparándose en este argumento la gran mayoría de la jurisprudencia
de los tribunales del Estado se han posicionado en contra de la posibilidad de

---

146. Ibídem.

147. STC 62/1982, de 15 de octubre de 1982

contemplar el trabajo sexual como trabajo. El alterne como ficción y construcción jurisprudencial ha sido reconocido como la única actividad laboral posible en el seno de la prostitución por cuenta ajena. De esta manera, el reconocimiento de derechos se ha acotado al ejercicio de la actividad de alterne, dejando desprotegidas a las personas trabajadoras en la dimensión más específica del trabajo sexual: la prestación de servicios sexuales.

La dignidad humana es un concepto abstracto cuya valoración también muta en el tiempo, teniendo en cuenta los diferentes valores de la sociedad. Lo que en un momento puede ser considerado como indigno, en otro puede estar socialmente aceptado. Varios son los ejemplos que pueden ayudarnos a comprender esto, entre ellos, la prohibición de hacer *topless* que existía en España y su consideración, por parte de la sociedad, de acto indigno o inmoral hasta hace unas décadas. Sin embargo, en la actualidad encontramos en las playas de todo el Estado a mujeres de todas las edades practicandolo sin por ello considerar que son indignas o están atentando contra la moral. Lo mismo podemos decir sobre el matrimonio o el divorcio. Hasta hace bien poco, no casarse o divorciarse era un motivo de estigma y rechazo social al que se enfrentaban las mujeres.

En otra línea de sentido, el Grupo de Estudios de Política Criminal (GEPC) ha utilizado el argumento del respeto a la dignidad humana a favor de las personas que deciden ejercer el trabajo sexual. El GEPC señala que hay que generar un marco de reflexión sobre la regulación del ejercicio del trabajo sexual y:

"dicha reflexión deberá estar presidida por la ineludible distinción entre moral y derecho.

El reconocimiento de la dignidad humana como valor supremo recogido en nuestra Constitución exige el respeto a la voluntad de la persona mayor de edad que libremente decide prestar servicios remunerados de carácter sexual. Negar de plano la posibilidad de que esa opción sea válida constituye un tratamiento paternalista de la mujer —y del hombre— como personas incapaces de tomar decisiones adultas. Están de más los discursos morales basados en el carácter degradante de la prostitución".[148]

---

148. Grupo de Estudios de Política Criminal, *Propuesta de regulación del ejercicio voluntario de la prostitución entre adultos*, Valencia, Tirant Lo Blanch, 2010, pág. 13. El GEP, constituido por juezas y jueces, magistradas/os y penalistas de alto prestigio, también se manifestó en 2006 a favor de regular la prostitución como un trabajo: https://politicacriminal.es/manifiesto-a-favor-de-la-regulacion-del-ejercicio-voluntario-de-la-prostitucion-entre-adultos

Además, otorgar a los poderes y autoridades públicas la potestad de determinar cuándo una persona mayor de edad con plena capacidad de obrar atenta contra su dignidad, nos lleva al peligroso ámbito del paternalismo jurídico.[149] En último término, consiste en una invalidación de su agencia, de su persona y de su libertad y, paradójicamente, de su dignidad. Supone decidir tutelar de forma forzosa a toda aquella persona que no se ajuste a la moral imperante.

3.3. Jurisprudencia en torno al trabajo sexual.

A continuación mencionaremos algunas sentencias de tribunales del Estado en las que se ha abordado el fenómeno del trabajo sexual. Los argumentos y explicaciones en torno a la dinámica y funcionamiento del trabajo sexual que contienen estas sentencias, nos ayudan a entender que es posible reconocer el trabajo sexual como un trabajo dentro del ordenamiento jurídico español vigente.

La Sala Segunda (penal) del Tribunal Supremo en su sentencia de 14 de abril de 2009[150] , estableció que la cuestión de la prostitución voluntaria en condiciones que no supongan coacción, engaño, violencia o sometimiento, bien sea por cuenta propia o bien dependiendo de un tercero que establece unas condiciones de trabajo que no conculquen los derechos de los trabajadores, no pueden solventarse con enfoques morales o concepciones ético-sociológicas, ya que afectan a aspectos de la voluntad que no pueden ser coartados por el derecho sin mayores matizaciones. Esta sentencia del Tribunal Supremo, tan acertada y acorde a nuestro planteamiento, dejaba abierta una vía para que la prostitución por cuenta ajena se formalizase a través de un contrato de trabajo. Según la sentencia, las concepciones morales y éticas no deberían ser suficientes para obstaculizar el reconocimiento de la existencia de una relación jurídico laboral cuando la prostitución sea voluntaria, sin coacción, engaño, violencia o sometimiento. Sin embargo, como ya hemos analizado anteriormente, el Tribunal Supremo ha ido hacia atrás en el reconocimiento de derechos, en la sentencia que legalizaba los estatutos del sindicato OTRAS, o en la de la compañera Evelyn, en la que acota al alterne la protección de los derechos de las trabajadoras sexuales.

---

149. José María González del Río, op. cit., pág. 248.

150. STS 425/2009, 14 de abril de 2009. https://vlex.es/vid/60284981

En 2015 el Tribunal Superior de Justicia de Catalunya abordó el caso de una trabajadora en un centro de masajes en el que se ejercía la prostitución[151] y por primera vez reconoció el carácter laboral del trabajo sexual por cuenta ajena. La Tesorería General de la Seguridad Social había demando a la propietaria del centro de masajes y a tres de sus trabajadores, exigiéndoles que demostrasen el carácter laboral de los servicios que realizaban. La empresaria alegó recurriendo al argumento tan utilizado por la patronal del sexo, consistente en llamar huéspedes a sus propias trabajadoras. Según la empresaria, ella simplemente se limitaba a alquilarles las habitaciones para que las trabajadoras desarrollasen su actividad de forma independiente. Pero las trabajadoras tenían directrices por parte de la empresa propias de la dependencia de una relación laboral, como es un horario establecido por la empresa. Asimismo, los clientes llegaban a través de una página web gestionada por la empresa y las trabajadoras percibían de la misma una cantidad del dinero por el servicio dado.

Paradójicamente, la empresa utilizó el contenido de los artículos del Código Civil sobre la ilicitud del objeto y causa en los contratos para negar la laboralidad de la relación jurídica existente entre ella y sus trabajadoras, aludiendo a que los servicios sexuales eran contrarios a la moral y a las buenas costumbres. Pero, en este caso, el magistrado del tribunal consideró, fundamentándose en la sentencia STS 14 de abril 2009 antes citada, que una relación laboral de prostitución por cuenta ajena ejercida de forma libre y voluntaria no puede abordarse desde la moralidad, ya que afecta a aspectos relativos a la voluntad de ambas partes.

3.4. Jurisprudencia sobre el alterne

Los tribunales solo se han pronunciado a favor del reconocimiento de derechos a quienes ejercen el trabajo sexual en su dimensión de 'alternadoras', poniendo como límite el acceso carnal y acotando el ámbito de aplicación del carácter laboral a la figura del alterne. No obstante, como venimos defendiendo, es de conocimiento general que, oculta bajo el alterne, existe prácticamente siempre una realidad laboral concreta: la prestación de servicios sexuales a cambio de remuneración. Esto implica una pérdida enorme de derechos ya que la realidad del trabajo sexual va más allá que la del

---

151. SJS nº 10 50/2015, 18 de febrero de 2015, de Barcelona. https://vlex.es/vid/561306474

alterne —tanto por las prácticas que se realizan, y su exigencia física y emocional, como por el tiempo de trabajo y el salario. Reconociendo el alterne únicamente como trabajo no se tienen en cuenta las especificidades y dimensiones concretas del trabajo sexual que efectiva y realmente desarrollan las alternadoras. De esta manera, las trabajadoras quedan desamparadas en el desarrollo cotidiano de su trabajo y se las aboca a la clandestinidad y ocultamiento.

A continuación aludiremos a varios pronunciamientos de los tribunales sobre el alterne ya que, teniendo en cuenta que junto con la actividad del alterne también se suelen prestar servicios sexuales, comprender su dinámica y cómo se ha construido jurídico-laboralmente nos permite entender la dinámica de la laboralidad del trabajo sexual. Es decir, entender cómo se ha construido la figura del alterne y el reconocimiento de su laboralidad, permite imaginarnos cómo entender y encajar jurídicamente la relación laboral de la prostitución, en el marco del Derecho Laboral existente, desde una perspectiva proderechos.

3.4.1. Definición del alterne según la doctrina y la jurisprudencia

El alterne consiste en "los servicios de captación de clientes con acompañamiento para inducirlos al consumo de bebidas, recibiendo por ello una comisión". Es decir, la persona que se dedica al alterne acompaña y entretiene a un cliente con el fin de que consuma bebidas en un local que posteriormente abona a la alternadora una comisión por esas consumiciones. Es el dueño del local, por sí mismo o por medio de gerentes, quien decide el porcentaje que reciben las trabajadoras por las consumiciones tomadas por el cliente. Los servicios del alterne pueden ser definidos de forma más amplia como «aquellos en los cuales una persona, normalmente mujer, queda vinculada con un local comprometiéndose a permanecer en el establecimiento para animar el ambiente e incitar el consumo de bebidas —generalmente alcohólicas— mediante su atractivo sexual, obteniendo a cambio una retribución, que habitualmente consistirá en un porcentaje sobre la cuantía de las consumiciones»[152]. Pero esta definición no funciona, es una definición deficiente pues deja fuera a la actividad con la que se obtiene el lucro y ganancias principales de los clubs de alterne: la actividad sexual remunerada.

---

152. José María González del Río, op. cit.

En la práctica los contratos de alterne suelen ser de unas pocas horas, dejando fuera parte de la jornada ordinaria de trabajo que efectivamente llevan a cabo estas trabajadoras. Es decir, durante gran parte de su jornada laboral no están aseguradas ni por lo tanto cotizan a efectos de obtener prestaciones de la Seguridad Social cuando las necesiten. Asimismo, reiterando lo ya dicho, todo lo relacionado con la actividad sexual queda fuera. La parte empresarial se escuda en decir que su trabajadora es su huésped, a quien alquila una habitación. De esta manera, evita numerosos costes económicos y obliga a que sean asumidos por la trabajadora —los costes del alquiler de la habitación, el pago de la luz, el servicio de lavandería, etc.. También es la trabajadora quien, en contra de las normas básicas de la legislación sobre prevención de riesgos laborales, asume la protección de su seguridad y salud, ya que es normal que sean las propias trabajadoras quienes ponen las medidas de seguridad y se cuidan entre sí frente a los posibles ataques de los clientes mientras desarrollan la prestación de servicios[153], así como quienes asumen los costes de los equipos de trabajo y de protección individual —juguetes, lubricante y condones— necesarios para el desempeño de la actividad.

Una vez más afirmamos que la no inclusión del trabajo sexual dentro del ámbito de aplicación del derecho del trabajo y de la Seguridad Social es lo que genera la explotación laboral y la posibilidad de que existan abusos ya que impide el acceso de las trabajadoras a la genérica protección de su salud y seguridad en el trabajo, no pueden denunciar los abusos laborales, ni tampoco si sufren una agresión por parte de un cliente. No pueden disfrutar de los días de permiso previstos en la normativa laboral para ir a realizar exámenes oficiales, acudir a una cita médica o acompañar a un familiar tras una intervención quirúrgica. Tampoco pueden acceder a las prestaciones de la Seguridad Social como el permiso por maternidad/paternidad, la prestación por desempleo, o la baja por incapacidad laboral —a menudo se ven obligadas a trabajar enfermas si ni pueden ni quieren asumir de su bolsillo los días de incapacidad. En definitiva, que el trabajo sexual no sea reconocido como un trabajo somete a las personas que lo ejercen a convivir en un mundo de explotación laboral, desigualdad y discriminación con respecto al resto de personas trabajadoras.

---

153. Información aportada por diferentes trabajadoras entrevistadas pertenecientes al sindicato OTRAS.

3.4.2. Algunas sentencias que abren camino

Estas sentencias, aunque acoten el reconocimiento del carácter de trabajo al alterne, con el análisis y conclusiones que realizan sobre la realidad laboral de las alternadoras abren la posibilidad de entender mejor cómo se dan las notas del trabajo asalariado en la prostitución a terceros y cómo puede construirse un marco legal proderechos para esta relación laboral de carácter especial.

La primera resolución que reconoce la relación jurídica de trabajo entre una mujer trabajadora y el empresario es una sentencia del Tribunal Supremo del año 1981[154]. En la misma se comprueba que la trabajadora, en virtud de la relación jurídica laboral a la que estaba sujeta, estaba obligada a acudir a la sala de fiestas donde ejercía el alterne y la prostitución con un horario fijo establecido por la empresa, y recibía una retribución mensual fija por ello, así como comisiones por las consumiciones de los clientes.

El Tribunal Supremo en 2004[155] realizó una interpretación flexible de la dependencia de la trabajadora en relación al empresario. Reconoció la existencia de una relación laboral de alterne debido a dicha dependencia flexible. Esta sentencia marca una línea jurisprudencial en torno a la nota de dependencia que permite que posteriormente muchas relaciones laborales de mujeres alternadoras sean consideradas como relaciones de trabajo. En este caso la existencia de dependencia era controvertida pues la trabajadora no tenía horario fijo, lo que puede ser común en la prostitución a terceros. Se concluyó que no era estrictamente necesario un horario fijo y jornada definida para que se diese el presupuesto de la dependencia, sino que era suficiente trabajar —estar— bajo la dirección y organización del empresario, y en este caso concreto el sometimiento de la trabajadora al poder de dirección y organización empresarial se manifestaba en que el empleador tomaba decisiones relativas al comportamiento que debía tener para con los clientes, o el tipo de vestuario que debía llevar para incrementar las consumiciones de los mismos.

En esta misma línea, y ampliando los conceptos de ajenidad y dependencia, tenemos las siguientes sentencias:

---

154. STS 2517/1981. Sentencia de la Sala de lo Social del 03 de marzo de 1981.

155. STS 7437/2004. Sentencia de la Sala de lo Social del 17 de noviembre de 2004.

- En una sentencia del Tribunal Superior de Justicia de la Comunidad Valenciana[156] se concluía la existencia de la dependencia alegando, entre otros elementos, el hecho de que el empresario pusiese a disposición de las trabajadoras taquillas para que guardasen sus objetos personales y la ropa de calle.
- En 2019 el Tribunal Superior de Justicia de la Región de Murcia[157] señala en torno a la dependencia y ajenidad que:

    «Precisamente la actividad de "Alterne", se caracteriza por la especial habilidad o cualidad de las trabajadoras en captar clientela, y de ahí que gocen de libertad en cuanto a las ropas o atuendo elegido, pues esta labor exige más iniciativa personal y libertad de actuación que otras actividades que exigen mayor control de la empresa en su desempeño, pero ello no implica que la prestación de servicios no sea dependiente, y que las trabajadoras actúen de forma autónoma.

    Lo mismo cabe decir respecto a la ajenidad de los frutos del trabajo, pues las alternadoras cobran una retribución a comisión, pero también cobra el empresario, cuyos beneficios son mayores en proporción al mayor número de clientela captado, que se incrementa precisamente por el aliciente que los servicios prestados por los alternadoras, suponen para los clientes que acuden al local.

    Las notas ajenidad, dependencia y retribución fueron constatadas por los inspectores en la forma que se ha venido indicando respecto de todas las trabajadoras citada en el hecho primero, y en las condiciones acreditadas que también se hacen constar, por lo que se considera acreditada la existencia de relación laboral de todas las trabajadoras afectadas a excepción, de las que comparecieron a juicio y manifestaron no haber recibido cantidad alguna de la empresa.»
- En 2020 el Tribunal Superior de Justicia de Galicia entendió que se daban las notas de la laboralidad en la relación de trabajo de varias alternadoras que percibían por dicha actividad una comisión por cada consumición, trabajaban durante el horario de apertura y cierre del club —18.00 a 4.00 horas— y desarrollaban su actividad vistiendo una indumentaria especial.

---

156. STSJ CV 7877/2010. Sentencia de la Sala de lo Social del 18 de noviembre de 2010.
157. STSJ MU 2774/2019. Sentencia de la Sala de lo Social del 04 de diciembre de 2019.

- En 2021 el Tribunal Supremo se pronunció al resolver el caso de la compañera Evelyn[158] y reconocer solo la laboralidad del alterne. Entre los hechos que ayudaron a dicho reconocimiento estaban que "sus servicios se realizaban en el local del negocio, en horario fijado por la empresa y sometida a sus instrucciones".

Por lo tanto, el análisis del ordenamiento jurídico vigente solo nos puede llevar a concluir que la no consideración del trabajo sexual como un trabajo y su inclusión en las normas de derecho laboral se debe exclusivamente a una cuestión moral. Insistimos, no se puede legislar con la moral. Continuar sin reconocer el trabajo sexual como trabajo o prohibir su ejercicio solo incrementará la situación de desamparo y vulneración de los derechos de las personas trabajadoras del sexo, además de que seguirá poniendo obstáculos a la organización colectiva y a la lucha por unas condiciones laborales dignas.

---

158. Ver nota 35

PARTE III
SOBRE LA PROPUESTA
DE LEGISLACIÓN

I. APROXIMACIÓN

La aproximación pragmática que realizamos tiene como resultado una propuesta legislativa proderechos y antipunitivista que deje la prostitución fuera de la legislación penal. Desde la creación del sindicato OTRAS en 2018, nuestro objetivo principal siempre ha sido conseguir la aprobación de una legislación proderechos en el Estado español. Es decir, el reconocimiento de nuestro trabajo como actividad laboral, y por lo tanto dotarla de todos los derechos que como tal le corresponden, y su despenalización en todas sus formas. Hemos sido muy conscientes de que la propuesta que se presentase, debía surgir de nuestros colectivos y de que ningún partido político debía hacerlo en nuestro lugar, pues nadie como nosotras sabe lo que necesitamos y lo que queremos. También sabíamos que ninguna otra organización que no fuera un sindicato iba a darle el enfoque garantista de los derechos de la clase trabajadora, la formación y la autoorganización de dicha clase, que OTRAS garantiza. Es desde esta perspectiva sindicalista, de clase, transfeminista, antirracista y proderechos desde donde se ha generado la propuesta legislativa que presentamos.

El fenómeno del trabajo sexual es amplísimo y la situación de las personas trabajadoras, muy diversa. Tratando de hacernos cargo, en la medida de lo posible, de tal complejidad, el objetivo de nuestra propuesta es garantizar la igualdad de trato y no discriminación del colectivo, minimizar los daños sufridos a consecuencia de la persecución y el no tener reconocidos derechos, establecer mecanismos jurídicos para luchar contra el estigma y velar por el respeto de los derechos humanos de todas las personas que ejercen el trabajo del sexo.

Existen tres modalidades de ejercicio del trabajo sexual: a terceros —por cuenta ajena o asalariada—(1); por cuenta propia (2) y asociándose las personas trabajadoras a través de las cooperativas de trabajo asociado (3).

A. INCLUSIÓN EN LAS NORMAS DE DERECHO LABORAL Y DE LA SEGURIDAD SOCIAL

El principio que hemos seguido ha sido el de la inclusión del trabajo sexual dentro del marco del Derecho del Trabajo existente. Es decir, apostamos por una remisión genérica de la regulación del trabajo sexual a las normas comunes de todos los trabajos. De esta manera, allí donde las particularidades del trabajo sexual lo permitan —por no exigir una regulación más especializada—, será aplicable el Derecho Laboral y de la Seguridad Social ya existente, así como las normas que regulan el trabajo autónomo, y la normativa de Seguridad y Salud en el Trabajo. No obstante, dadas las especialidades que comporta nuestra actividad, nos hemos visto obligadas a elaborar disposiciones específicas solo aplicables a la misma.

B. USOS Y COSTUMBRES

Teniendo en cuenta que el trabajo sexual existe y tiene unas dinámicas específicas, es decir, una amplia aplicación de los usos y costumbres de los diferentes lugares de trabajo, proponemos que los mismos sean de aplicación preferente, en todo aquello de lo que recoge nuestra propuesta legal que sea más beneficioso para la persona trabajadora.

C. ESTRUCTURA SEGUIDA

La propuesta está dividida en 5 títulos:
- El primer Título está dedicado a la despenalización y otras cuestiones generales: objeto, principios, definiciones y ámbito de aplicación, entre otras.
- Los siguientes tres Títulos abordan de forma separada las especialidades de las diferentes modalidades de ejercicio del trabajo sexual.
- El último Título está dedicado a la Seguridad Social.
- Finaliza con una serie de disposiciones adicionales, transitorias y finales.

II. PROPUESTA

A continuación explicaremos los aspectos más significativos de cada Título.

A. DESPENALIZACIÓN

El primer Título contiene disposiciones generales y fundamentales para la despenalización del trabajo sexual y su inclusión en el Derecho del Trabajo y de la Seguridad Social. Se establecen:

- El objeto de la propuesta legislativa: la despenalización del trabajo sexual y su inclusión en el Derecho del Trabajo y de la Seguridad Social.
- Los principios que inspiran la propuesta. Entre otros: la lucha contra la pobreza, el derecho a la dignidad y al desarrollo libre de la personalidad, la igualdad de trato y no discriminación.
- La luchar contra el estigma: cualquier acción u omisión o conducta estigmatizante será considerada discriminatoria.
- Las definiciones de los diferentes agentes y espacios que componen el universo del trabajo sexual, para ayudar a entender el fenómeno y establecer el ámbito de aplicación de esta propuesta.
- El ámbito de aplicación y las exclusiones.

1. Sobre el ámbito de aplicación

1.1. Subjetivo: a quién se aplica

Parte trabajadora: las personas que ejerzan de forma voluntaria y libre el trabajo sexual. Se considera persona que ejerce el trabajo sexual:

- A quienes ejercen la prostitución, que son aquellas personas que llevan a cabo la prestación de servicios sexuales previo pago —en su modalidad autónoma o asalariada—;
- A las actrices y actores del sector pornográfico que realizan una actividad artística de contenido sexual en las artes escénicas, audiovisuales y musicales, por cuenta y dentro del ámbito de organización y dirección de una parte empresarial a cambio de remuneración.

Parte empresarial: en el caso del trabajo sexual por cuenta ajena, por empresario/a se entenderá a todas las personas, físicas o jurídicas, o comunidades de bienes, que reciban la prestación de servicios de las personas referidas en el apartado anterior.[159]

---

159. Teniendo en cuenta el complejo fenómeno del trabajo sexual, en nuestra propuesta definimos de forma extensa qué se considera empresario:

a) Todas las personas, físicas o jurídicas, o comunidades de bienes que gestionen, organicen y/o dirijan un negocio en el que se desarrolla la actividad sexual remunerada, consistente en la prestación de servicios de carácter sexual por parte de las personas referidas en el apartado anterior, para obtener beneficios económicos, y que ostentan el poder de dirección y organización.

- En el caso del sector de la pornografía: a las personas empleadoras que organizan o producen una actividad artística de contenido sexual.

1.2. Objetivo: a qué se aplica

A la actividad sexual remunerada, consistente en la prestación libre y voluntaria de un servicio de carácter sexual, a cambio de un precio o salario, en sus modalidades autónoma, por cuenta ajena e independiente.

Pensando en el sector de la pornografía, se considera trabajo sexual la prestación libre y voluntaria de la actividad artística de contenido sexual desarrollada en el marco de las artes escénicas, audiovisuales y musicales.

1.3. Exclusiones

- Subjetiva: Se prohíbe el ejercicio del trabajo sexual por personas menores de 18 años.
- Objetiva: No se considerará trabajo sexual aquel que se realice sin que medie la libre voluntad de la persona trabajadora.

1.4. Consentimiento

Proponemos que se reconozca y defina el derecho de quienes ejercen el trabajo sexual a negarse, en cualquier momento y por cualquier motivo, a prestar o continuar prestando servicios sexuales, sin que el pago por los servicios equivalga al pago por el consentimiento.

1.5. Proxenetismo

Se excluyen del ámbito del trabajo sexual: la explotación sexual, el proxenetismo o el trabajo forzado —en este caso, el sexual. Estos conceptos serán interpretados de acuerdo con el Convenio 29 de la OIT sobre trabajo forzoso, que lo define como "todo trabajo o servicio exigido a una persona bajo la amenaza de una pena cualquiera y para el cual dicha persona no se ofrece voluntariamente". Teniendo como marco el Plan contra el Trabajo

---

b) La persona física o jurídica titular del conjunto de factores productivos —humanos, técnicos y financieros— organizados y coordinados por la dirección, dedicados al negocio cuya actividad principal es la prestación de servicios o actividades de carácter sexual.

c) La persona física o jurídica organizadora y/o coordinadora del conjunto de factores productivos —humanos, técnicos y financieros— organizados y coordinados por la dirección, dedicados a la comercialización de actividades de carácter sexual.

forzoso[160] aprobado en 2021, la prostitución forzada o explotación sexual sería: todo trabajo o actividad sexual exigido a una persona que se presta bajo la amenaza de una pena cualquiera y para la cual dicha persona no se ofrece voluntariamente.

2. Convalidación de contratos y arraigo laboral

2.1. Convalidación de contratos

Dado que existen numerosos tipos de relaciones laborales dentro del trabajo sexual, proponemos que los contratos existentes, cualquiera que sea su forma, entre las personas trabajadoras sexuales y la parte empresarial que no estén legalmente formalizados a consecuencia de la penalización, sean convalidados —siempre que la persona trabajadora lo consienta— ajustándose a la totalidad de la propuesta —salvo que las condiciones que se acuerden sean mejores. Esto implica que se les dé de alta en la Seguridad Social y, en el caso de que las personas estén en situación administrativa irregular, éstas la vean regularizada.

2.2. Arraigo laboral

Teniendo en cuenta la existencia de relaciones de trabajo sexual por cuenta ajena entre personas trabajadoras en situación administrativa irregular y la parte empresarial, se propone el reconocimiento del arraigo laboral en aquellos casos en los que se cumpla con los requisitos previstos.

2.3. Arraigo social

Con la despenalización del trabajo sexual, la posibilidad de optar a regularizar la situación administrativa podrá estar sujeta al contrato de trabajo sexual.

3. Lucha contra el estigma

Parte de las medidas de lucha contra el estigma que proponemos, empiezan en los derechos básicos de toda persona trabajadora. Concretamente en el caso de las personas trabajadoras del sexo, teniendo en cuenta el artículo 5.2 c)

---

160. "Plan de Acción Nacional contra el Trabajo Forzoso: relaciones laborales obligatorias y otras actividades humanas forzadas", aprobado por el Consejo de Ministros del 10 de diciembre de 2021.

del Estatuto de los/as Trabajadores/as, se añadiría la discriminación por razón del conocido como "estigma puta", quedando así redactado:

«Las personas que ejercen el trabajo del sexo tienen derecho "a no ser discriminadas directa o indirectamente para el empleo o, una vez empleadas, por razones de estado civil, edad dentro de los límites marcados por esta ley, origen racial o étnico, condición social, religión o convicciones, ideas políticas, orientación sexual, identidad sexual, expresión de género, características sexuales, afiliación o no a un sindicato, por razón de lengua dentro del Estado español, discapacidad, por razón de sexo, incluido el trato desfavorable dispensado a mujeres u hombres por el ejercicio de los derechos de conciliación o corresponsabilidad de la vida familiar y laboral", así como por estigma de persona que ejerce el trabajo sexual.»

4. Clientes

Proponemos una sección de artículos dedicada a los clientes con el objeto de mejorar las dinámicas existentes y asegurar los derechos del conjunto de quienes ejercen el trabajo sexual. Se define al cliente, sus obligaciones y responsabilidad. Se prohíben las acciones u omisiones estigmatizantes y se promueve la realización de prácticas sexuales seguras, así como la información y educación de los mismos por parte de los poderes públicos competentes.

Se establece la obligación, ya existente en los usos y costumbres del trabajo sexual, de que el pago ha de ser anticipado a la realización del servicio.

B. TRABAJO A TERCEROS

Siguiendo con el principio de incluir el trabajo sexual dentro del marco legislativo del derecho laboral común, en la medida de lo posible hemos remitido la regulación de la prostitución asalariada al Estatuto de los Trabajadores y a sus normas de desarrollo. No obstante, teniendo en cuenta que el trabajo sexual comporta singularidades en relación, entre otros aspectos, a la autonomía de la persona trabajadora, al consentimiento, al tiempo de trabajo y al salario, proponemos una relación laboral de carácter especial para poder abordar mejor sus particularidades.

Proponer reconocer el trabajo sexual como un trabajo por cuenta ajena implica desbloquear la situación de carencia de derechos existente ahora mismo para las personas que ejercen el trabajo sexual a terceros —por cuenta ajena, asalariado. Como venimos defendiendo, el trabajo sexual a terceros existe, es un hecho. Es necesario que las personas dedicadas al trabajo del sexo puedan tener los mismos derechos que el resto de personas trabajadoras.

1. Relación laboral de carácter especial

El artículo 2 del Estatuto de los Trabajadores reconoce una lista de relaciones laborales de carácter especial. En las mismas alguno o varios presupuestos esenciales de la relación laboral —que el trabajo sea personal, voluntario, dependiente, por cuenta ajena y retribuido— se dan de forma diferente a cómo lo hacen en la gran mayoría de las relaciones asalariadas comunes. Cada una de estas relaciones especiales tiene su propia normativa específica que contempla las particularidades de cada actividad y el Estatuto suele ser aplicable cuando hay una remisión expresa al mismo y/o de manera subsidiaria. Algunos ejemplos son: servicios del hogar familiar, deportistas profesionales, artistas en espectáculos públicos, personal de alta dirección de las empresas, etc.

En el caso del trabajo sexual por cuenta ajena la ajenidad y la dependencia son las dos notas esenciales del trabajo asalariado que se dan de forma diferente en la esfera de su ejercicio. Por ello, para abordarlo proponemos la vía de establecerla como una relación laboral de carácter especial que permita especificaciones y ajustar el derecho a la realidad del fenómeno. La categorización del trabajo sexual a terceros como una relación especial es una técnica que permite tener en cuenta las peculiaridades del ejercicio de la actividad sexual por cuenta ajena, e imaginar y generar un derecho acorde al mismo.

1.1. Dependencia relativa: limitaciones al poder empresarial

Quienes ejercen el trabajo sexual por cuenta ajena tienen una relación de dependencia relativa con la parte empresarial de los establecimientos en los que prestan los servicios sexuales —en la prostitución a terceros—, o el/la empleador/a que organiza o produce una actividad artística de contenido sexual —en sector de la pornografía. Una de las particularidades más importantes reside en la relatividad de esta dependencia, que podemos traducirla en la necesaria limitación y matización del poder de dirección y organización del empresario. El poder empresarial tiene que verse limitado por el consentimiento y la libertad de la persona trabajadora. El consentimiento que será específico para cada servicio sexual, depende exclusivamente de la persona trabajadora. Puede ser retirado en cualquier momento previo o durante la prestación del servicio, sin que la persona trabajadora pueda sufrir represalias por ello. Por lo tanto, la otra cara de la moneda de la limitación del poder empresarial es el incremento y garantía del derecho de resistencia de la persona trabajadora.

1.2. Garantía de indemnidad

Al igual que el resto de personas trabajadoras, quienes se dedican al ejercicio del trabajo sexual tendrían reconocida la garantía de indemnidad. La garantía de indemnidad es un derecho fundamental que protege frente a las represalías que sufran por reclamar al empresario. En el caso concreto de quienes realizan trabajo sexual proponemos que a través de este mecanismo se proteja su consentimiento y su derecho de resistencia frente a las posibles extralimitaciones del poder empresarial de organización y dirección. Será considerará vulnerada la garantía de indemnidad cuando sufran represalias por llevar a cabo cualquier queja o reclamación verbal o escrita dirigida al empresario frente a las extralimitaciones de su poder, o frente a las medidas disciplinarias y/o discriminatorias que este lleve a cabo contra la persona trabajadora, como respuesta a: la retirada del consentimiento, la negación a realizar servicios sexuales en general o un servicio concreto o un tipo de servicio sexual. Todo ello sin perjuicio de la responsabilidad que pueda derivarse en otros órdenes.

2. Sobre el ingreso al trabajo

2.1. Protección de datos. Prohibición de registros estigmatizantes

Una de las exigencias y fundamentos del sistema proderechos es la igualdad de trato y no discriminación de las personas trabajadoras del sexo en relación al resto de personas trabajadoras.

Para evitar un modelo de tintes reglamentistas o regulacionistas es imprescindible que estén expresamente prohibidos los registros policiales y/o sanitarios especiales. La existencia de éstos implica asumir que el colectivo de personas que ejercen el trabajo sexual es un colectivo a vigilar y controlar. Estos registros establecen una diferenciación con el resto de personas trabajadoras, de modo que generan e incrementan el "estigma puta" que considera al colectivo del trabajo sexual como sujeto a ser corregido y controlado. El papel de la Administración Pública y el trato de los datos de las personas que ejercen la prostitución ha de ser igual al del resto de personas trabajadoras. La existencia de registros y cualquier tipo de listados ha de ser considerada discriminatoria, ya que afecta a un colectivo en particular solo por el hecho de ejercer una actividad económica históricamente juzgada como inmoral.

2.2. Papel de los Servicios Públicos de Empleo.

Los esfuerzos y actuaciones de los Servicios Públicos de Empleo (SPE) estarán encaminados a mejorar la situación social, económica, laboral de las personas trabajadoras sexuales en activo o ya retiradas. Para la puesta en práctica de dichas actividades por parte de los SPE harán partícipes en todas sus fases a personas que ejerzan la prostitución y a colectivos constituidos por personas trabajadoras sexuales.

No se ofertarán empleos dentro del trabajo sexual.

3. Tipos de contratos

3.1. Estatuto de los Trabajadores

Con carácter general se reconocen todos los tipos de contratos existentes dentro de las relaciones laborales comunes del Estatuto de los Trabajadores.

3.2. Sistema plaza

La movilidad forma parte del trabajo sexual, tanto por la dinámica de la demanda, como por las necesidades o preferencias de las propias personas trabajadoras de este colectivo. Dentro del trabajo sexual existe una forma especial de contrato temporal, el conocido como "sistema plaza". Según este sistema, las trabajadoras realizan/tienen una plaza en un establecimiento dedicado a la prestación de servicios sexuales por una duración que puede variar entre 10 a 21 días aproximadamente. Posteriormente descansan 7 días.

Durante el tiempo en el que una persona está prestando sus servicios bajo esta modalidad contractual, pueden darse dos supuestos: que sea independiente o que esté bajo la organización y dirección de la empresa. En el caso de que sea por cuenta ajena proponemos mecanismos de prevención ante el posible fraude al utilizarse contratos temporales para una relación laboral indefinida encubierta o al darse casos de falsas autónomas. Estos mecanismos son límites al encadenamiento de contratos por una persona trabajadora con una misma empresa dentro de un plazo temporal específico.

4. Contrato laboral del trabajo sexual artístico, sector de la pornografía

Está pensado para las personas artistas que desarrollan su actividad de carácter sexual en las artes escénicas, audiovisuales y musicales. La parte empresarial o empleadora es quien organiza o produce una actividad artística de carácter sexual. Estamos refiriéndonos al sector del porno o de creación de contenido sexual por cuenta ajena. Es un tipo de contrato mixto que contiene elementos del contrato típico de los/as artistas en las artes escénicas, audiovisuales y musicales y el régimen jurídico que proponemos para el trabajo sexual. La idea es atender a las particularidades que implica el trabajo sexual dentro de la industria artística de personas adultas y poder salvaguardar los derechos de las personas que desarrollan dicha actividad.

Teniendo en cuenta que ya existe una dinámica de trabajo y unos usos y costumbres, siempre que sean más favorables serán aplicables, y no hemos regulado especificaciones para dejar un amplio margen a la negociación colectiva. Entre las demandas más comentadas por las personas trabajadoras del sexo dedicadas a la pornografía que han participado en los encuentros están: la exigencia de que los empresarios den de alta en la Seguridad Social a las personas que participan en las escenas, la prohibición de ensayos gratuitos y la limitación del tiempo de ensayos y de grabación de escenas, un reparto justo de los derechos de imagen, y una información clara y concisa previa a la grabación de las escenas que van a desarrollarse.

5. Contenido de la relación laboral especial del trabajo sexual

5.1. Remisión al Estatuto de los Trabajadores

Con la idea de igualar e incluir en el Derecho del Trabajo a las personas que ejercen el trabajo sexual, hacemos una remisión prácticamente completa a los derechos y deberes básicos, y los derechos y deberes derivados del contrato previstos en el Estatuto de los Trabajadores.

5.2. Obligaciones del empresario

Hemos recogido las obligaciones de la parte empresarial que el Estatuto de Los Trabajadores ya prevé para las relaciones laborales comunes, adaptando las que son necesarias al trabajo sexual. Son obligación suyas:

— Garantizar que la prestación laboral se ejecute en las debidas condiciones de seguridad y salud, respetando la intimidad de la persona trabajadoras. Concretamente tendrá la obligación de promover prácticas sexuales seguras, debiendo asegurarse de que el espacio de trabajo está correctamente equipado para ello. Para cumplir lo anterior adoptará las medidas adecuadas y eficaces, teniendo debidamente en cuenta las características específicas de las prácticas que se desarrollen en el establecimiento —por ejemplo: si se realizan prácticas de BDSM tendrá que contar con medidas específicas a las mismas. El incumplimiento de estas obligaciones será justa causa de terminación de la relación laboral por parte de la persona trabajadora, sin perjuicio de las responsabilidades de la parte empresarial que puedan derivarse de la normativa de prevención de riesgos laborales.

— Asegurar la dotación suficiente y el mantenimiento de medios, equipos y herramientas de trabajo.

Se establecen como obligaciones de la parte empresarial:

- La obligación de dotar a los espacios de trabajo o establecimientos en los que se desarrolle el trabajo sexual de las instalaciones suficientes para que el mismo se desarrolle en condiciones óptimas de seguridad y salud.
- La obligación de dotar a las personas que ejercen el trabajo sexual de equipos y herramientas suficientes para el desarrollo de la actividad sexual remunerada en condiciones óptimas de seguridad y salud. Proponemos que, al igual que ocurre con las relaciones laborales comunes, por convenio colectivo se pueda realizar un inventario de lo que se considere necesario en materia de instalaciones, equipos, medios y herramientas de trabajo. En todo caso serán consideradas obligatorias aquellas previstas como tales en la normativa de seguridad y salud laboral, y las siguientes:
  - Instalaciones: camas, ropa de cama, ducha y/o lavabo.
  - Herramientas: lubricantes.
  - Equipos de protección individual: preservativos.
  - La parte empresarial deberá encargarse del mantenimiento y limpieza del espacio de trabajo, incluyendo todas las instalacio-

nes, y de dispensar de forma gratuita a quien realiza trabajao sexual las herramientas y equipos de trabajo adecuados y necesarios para el desempeño de la actividad sexual.

- La prohibición y nulidad de cualquier pacto o acuerdo en el que la parte empresarial y la parte trabajadora acuerden que sea la parte trabajadora quien asume el coste derivado del cumplimiento de las obligaciones anteriores.

6. Tiempo de trabajo

Para abordar el tiempo de trabajo en el trabajo sexual a terceros, concretamente estamos pensando en la prostitución, proponemos la diferenciación entre dos tipos de tiempo de trabajo: el tiempo de trabajo efectivo y el tiempo en presencia. El tiempo en presencia se puede considerar como tiempo de disponibilidad: aquel en el que la persona trabajadora está disponible para ejecutar la prestación laboral, pero no la está ejecutando —por ejemplo: esperando a los clientes en el establecimiento.

El tiempo de trabajo efectivo es aquel en el que la persona trabajadora está ejecutando la prestación objeto de su contrato —la actividad sexual.

Para registrar la jornada total que realiza cada persona trabajadora proponemos que o bien se respeten los mecanismos ya existentes en los centros de trabajo, siempre y cuando no vulneren los derechos de las personas trabajadoras; o bien se apliquen las obligaciones de registro de jornada comunes al resto de trabajos.

6.1. Conflictos con el alterne

La distinción de tiempos de trabajo genera problemas en el ámbito del alterne ya que antes de la actividad sexual hay otras tareas que una trabajadora sexual tiene que realizar: primeros contactos con el posible cliente, incitación al consumo de bebidas, etc. No obstante, teniendo en cuenta que el objeto de la relación laboral dentro del trabajo sexual es la prestación de servicios sexuales, y que hay una diferencia cualitativa entre las tareas de "incitación al consumo de bebidas, primeros contactos" y "la práctica sexual", creemos que es pertinente utilizar esta distinción de tiempos como herramienta doble: primero, para poder establecer una remuneración superior del tiempo de servicio sexual, y segundo, para poder limitar las horas de jornada vistas las particularidades que impone el esfuerzo físico-emocional del sexo.

Las horas en presencia serán remuneradas al menos con el Salario Mínimo Interprofesional y cotizan, al igual que ocurre en otros trabajos donde existen, como son el servicio de hogar y cuidados, y el trabajo en la mar.

6.2. Propuestas concretas a lograr en la negociación colectiva: jornada y descansos.

Las siguientes propuestas no se recogen en la proposición de ley que aquí traemos, por tratarse de aspectos a tratar en la negociación colectiva. Aun así, desde el sindicato vemos imprescindible plantear una propuesta sobre el máximo tiempo de trabajo y duración de la jornada que tiene como fin garantizar los derechos laborales, y de seguridad y salud en el trabajo.

— Horas en presencia: proponemos un máximo de 5 horas de trabajo efectivo diario. Las horas en presencia, siguiendo lo dispuesto para el servicio de hogar y cuidados, no podrán ser más de 20 horas semanales de promedio al mes. Dicha cifra máxima se aplica a una persona trabajadora a jornada completa, si la jornada es inferior se aplicará reducido en la parte proporcional que corresponda según la jornada acordada.

— Jornada máxima: la jornada máxima semanal de carácter ordinario será de 25 horas de trabajo efectivo, sin perjuicio de los tiempos de presencia, a disposición del empleador, que pudieran acordarse entre las partes.

Una vez concluida la jornada de trabajo diaria y, en su caso, el tiempo de presencia pactado, la persona trabajadora no estará obligada a permanecer en el lugar o centro de trabajo. Para el régimen de descanso entre jornadas, se aplica el Estatuto de los Trabajadores: mínimo 12 horas.

— Periodos de descanso: descanso semanal de 48 horas consecutivas cuyo disfrute será acordado por convenio colectivo o de mutuo acuerdo entre las partes.

7. Extinción de la relación laboral

Realizamos una remisión genérica a las causas de extinción del contrato de trabajo de las relaciones laborales comunes, aunque con algunas particularidades:

7.1. Baja voluntaria

Defendemos que se reconozca que la persona que ejerce el trabajo sexual pueda extinguir el contrato de trabajo en cualquier momento sin alegar justa causa, y que la misma sea considerada como situación legal de desempleo en los términos de la Ley General de la Seguridad Social. De este modo, los trabajadores/as tendrán derecho a acceder a la prestación por desempleo en el caso de que se cumplan el resto de requisitos previstos de dicha ley. Al igual que ocurre en las relaciones laborales comunes, no tendrá derecho a la indemnización por despido pero sí al finiquito.

Creemos que este tipo de medidas deberían exigirse para todas las relaciones laborales. Toda persona que haya cumplido con el tiempo de cotización estipulado para acceder a la prestación por desempleo ha de poder cobrarla sin necesidad de ser despedida cuando quiera dejar su trabajo. Esta medida fomenta la búsqueda de trabajos que tengan mejores condiciones, ya que permite a todas las personas parar y dedicarse a la búsqueda de empleo sin dejar de percibir ingresos.

7.2 Dentro de la extinción voluntaria por justa causa por parte de la persona trabajadora

Además de las previstas en el artículo 50 del Estatuto de los Trabajadores, proponemos otras dos causas que derivan de la especialidad del trabajo sexual, fundamentalmente del respeto a la autonomía de la persona trabajadora y de su no discriminación:

- La extralimitación del poder empresarial, matizado en esta propuesta de ley orgánica, en grado de tentativa.
- Haber sufrido una conducta, acción u omisión estigmatizante por parte de la parte empresarial o de otra trabajadora.

8. Infracciones y sanciones. ITSS. Jurisdicción competente

8.1. Remisión a la LISOS

El Derecho Laboral tiene sus propios medios de sancionar las conductas que se consideran reprochables dentro de esta rama jurídica. Por eso proponemos que se aplique de manera íntegra el Real Decreto Legislativo 5/2000, de 4 de agosto, por el que se aprueba el texto refundido de la "Ley sobre Infracciones y sanciones en el orden social" (LISOS). No obstante, creemos que es pertinente introducir en ésta ley, como infracciones específicas dentro del trabajo sexual, las siguientes:

8.2. Específicas dentro del trabajo sexual —propuesta

- *En materia de relaciones laborales:* Con el objetivo de salvaguardar el derecho de resistencia de la persona trabajadora y la limitación al poder de organización y dirección empresarial, proponemos: considerar como infracción muy grave cualquier acción u omisión que tenga por objeto extralimitar las matizaciones previstas al poder de dirección y organización del empresario.

- *Para luchar contra el estigma:* Proponemos considerar como discriminatorias en materia de relaciones laborales aquellas decisiones y acciones u omisiones estigmatizantes, o generadoras de estigma, llevadas a cabo por la parte empresarial, otro/a trabajador/a o un tercero contra la persona que ejerce el trabajo sexual.

- *En materia de subcontratación y cesión de personas trabajadoras:* Proponemos considerar como infracción muy grave de las empresas de trabajo temporal e infracción muy grave de las empresas usuarias, el formalizar contratos de puesta a disposición para la realización de trabajo sexual.[161]

- *En materia de empleo:* Proponemos considerar sancionable como discriminatorias la realización de acciones u omisiones estigmatizantes por parte de los/as empresarios/as, de las agencias de colocación, de las entidades de formación o de aquellas que asuman la organización de las acciones de formación profesional para el empleo programadas por las empresas, y de los beneficiarios de ayudas y subvenciones en materia de empleo y ayudas al fomento del empleo en general.

8.3. Competencias

Como ocurre en las relaciones laborales comunes la competencia para la comprobación de infracciones le correspondería a la Inspección de Trabajo y Seguridad Social, y la jurisdicción competente para el conocimiento de las cuestiones derivadas de los incumplimientos sería la del orden social.

---

161. En los términos del artículo 18.3 b) en el caso de las empresas de trabajo temporal y del artículo 19.3b) de la LISOS para las empresas usuarias que formalicen contratos de puesta a disposición.

C. TRABAJO SEXUAL AUTÓNOMO

El trabajo sexual independiente o autónomo en principio no está prohibido por el ordenamiento jurídico del Estado español. No obstante, tal como hemos expuesto en la Parte I. y Parte II. del libro, el mismo es criminalizado, perseguido y obstaculizado. Dentro de esta modalidad de ejercicio, las más perseguidas son las trabajadoras sexuales de calle, a quienes se impide trabajar y castiga con las normas administrativas sancionadoras derivadas de la "Ley Orgánica de protección de la seguridad ciudadana" y las ordenanzas municipales de los ayuntamientos. Respecto a la modalidad autónoma nos parece fundamental derogar el conjunto de la normativa prohibicionista y abolicionista que se encuentra dispersa por el ordenamiento jurídico español, y que se les reconozca poder de negociación para la toma de decisiones sobre las zonas de ejercicio del trabajo sexual callejero. Así lo recogemos en nuestra propuesta de legislación.

1. Personas trabajadoras sexuales de bajos ingresos o trabajo sexual esporádico

Antes de entrar en exponer algunas particularidades del Título dedicado al trabajo sexual autónomo, resulta imprescindible llamar la atención sobre la realidad de aquellas personas trabajadoras sexuales de bajos ingresos o que se dedican de forma esporádica al trabajo sexual, que se enfrentan a una obligación de alta en el Régimen Especial de Trabajadores Autónomos (RETA) que puede resultar desproporcionada en relación a su nivel de ingresos. Los costes tan altos que implica el pertenecer al régimen de trabajo autónomo, que no solo afectan al colectivo de trabajadoras del sexo sino a todas las profesiones liberales, son un gran obstáculo para aquellas personas trabajadoras independientes de bajos ingresos, como pueden ser las trabajadoras sexuales de calle, o quienes se dedican de forma esporádica al trabajo sexual por cuenta propia.

Además del reconocimiento de bonificaciones, una posible solución la encontramos en la jurisprudencia del Tribunal Supremo que declara que, si no se obtienen ingresos al menos iguales al Salario Mínimo Interprofesional con el ejercicio de una actividad económica, no existe obligación de alta en el RETA, y por lo tanto, la persona trabajadora independiente no tendría que pagar la cuota de autónomos.[162]

---

162. La jurisprudencia del Tribunal Supremo ha tenido que acotar la extensión de la obligación del alta y cotización en el RETA estableciendo como criterio los ingresos obtenidos

2. Disposiciones comunes protectoras

Con el objeto de expandir el ala protectora de esta propuesta legislativa a todas aquellas personas que se dediquen a la prostitución, a las mismas se les aplicarán: las disposiciones generales contenidas en el Título dedicado a la Despenalización, las disposiciones relativas a los clientes, y el resto que expresamente se prevea, así como las normas de Prevención de Riesgos Laborales y las mejoras en materia de Seguridad Social.

---

con la actividad desarrollada y vinculándolo con la nota de habitualidad. Concretamente, la sentencia del Tribunal Supremo de 29 de octubre de 1997 fue la que marcó la línea, pero citaremos otra sentencia más actual de fecha 20 de marzo de 2007 que declara:

"El criterio del montante de la retribución es apto para apreciar el requisito de la habitualidad. Como ha señalado la jurisprudencia contencioso-administrativa (STS 21-12-1987 y 2-12-1988) tal requisito hace referencia a una práctica de la actividad profesional desarrollada no esporádicamente sino con una cierta frecuencia o continuidad. A la hora de precisar este factor de frecuencia o continuidad puede parecer más exacto en principio recurrir a módulos temporales que a módulos retributivos, pero las dificultades virtualmente insuperables de concreción y de prueba de las unidades temporales determinantes de la habitualidad han inclinado a los órganos jurisdiccionales a aceptar también como indicio de habitualidad al montante de la retribución. Este recurso al criterio de la cuantía de la remuneración, que por razones obvias resulta de más fácil cómputo y verificación que el del tiempo de dedicación, es utilizable, además, teniendo en cuenta el dato de experiencia de que en las actividades de los trabajadores autónomos o por cuenta propia el montante de la retribución guarda normalmente una correlación estrecha con el tiempo de trabajo invertido. [...]

A la afirmación anterior debe añadirse que la superación del umbral del salario mínimo percibido en un año natural puede ser un indicador adecuado de habitualidad. Aunque se trate de una cifra prevista para la remuneración del trabajo asalariado, el legislador recurre a ella con gran frecuencia como umbral de renta o de actividad en diversos campos de la política social, y específicamente en materia de Seguridad Social, de suerte que en la actual situación legal resulta probablemente el criterio operativo más usual a efectos de medir rentas o actividades. La superación de esta cifra, que está fijada precisamente para la remuneración de una entera jornada ordinaria de trabajo, puede revelar también en su aplicación al trabajo por cuenta propia".

Es decir, a aquello/as profesionales que desarrollen una actividad de forma independiente con la que no obtengan ingresos equivalentes al 75% del Salario Mínimo Interprofesional, no se les debería obligar a darse de alta y cotizar en el RETA. Otros ejemplos en los que se ha aplicado esta doctrina son:

- Vendedor ambulante de menaje de cocina, sentencia del TSJ de Castilla – La Mancha, 26/11/2005 y STS de 20 de marzo de 2007.
- Titular de explotación de engorde y cría de ganado porcino, sentencia del TSJ de Castilla y León, sede de Burgos, de 11 de noviembre de 2003.
- Psicóloga, sentencia del TSJ de Castilla y León, sede de Burgos, de 17 de septiembre de 2002.

3. Remisión a la legislación del trabajo autónomo

Se le aplicarán las disposiciones previstas en el artículo 3 del Estatuto del trabajo autónomo, siempre que sea compatible con lo previsto en las disposiciones protectoras de la propuesta legal que defendemos.

4. Publicidad

Es imprescindible derogar la última parte del apartado 1 del artículo 11 de la "Ley Orgánica de garantía integral de la libertad sexual"[163], y el último inciso del párrafo segundo de la letra a) del artículo 3.1 de la Ley General de Publicidad[164]. Hay que reconocer la licitud de la publicidad que utilicen las personas trabajadoras para ofertar sus servicios sexuales.

D. COOPERATIVAS DE TRABAJO ASOCIADO

La cooperativa se define como la sociedad constituida por personas que se asocian, en régimen de libre adhesión y baja voluntaria, para la realización de actividades empresariales, en este caso relativas a la prestación de servicios sexuales, encaminadas a satisfacer sus necesidades y aspiraciones económicas y sociales, con estructura y funcionamiento democrático.

Proponemos esta forma asociativa de trabajo como una de las tres modalidades de ejercicio del trabajo sexual. La cooperativa de trabajo sexual asociado permitiría que las personas trabajadoras del sexo se autoorganizasen y gestionasen su trabajo de forma colectiva y democrática como personas trabajadoras en régimen de trabajo autónomo o asalariado, sin estar sometidas al poder de ningún empresario. Su normativa no diferiría de lo dispuesto para el resto de cooperativas de trabajo asociado, aunque en este caso se tendrían que respetar los mínimos comunes exigidos para el ejercicio del trabajo sexual, de forma que se garanticen los derechos de las personas trabajadoras. La competencia legislativa sobre cooperativas está cedida a las comunidades autónomas y prácticamente todas ellas han elaborado su propia ley reguladora. Desde el sindicato OTRAS, hemos observado las normas contenidas en la Ley 27/1999, de 16 de julio, de Cooperativas, especialmente de los artículos 80 a 87 que son los dedicados a la clase de trabajo asociado.

---

163. Ley Orgánica 10/2022, de 6 de septiembre, de garantía integral de la libertad sexual.
164. Ley 34/1988, de 11 de noviembre, General de Publicidad.

E. SEGURIDAD SOCIAL

A continuación proponemos un desarrollo legislativo para la Seguridad Social específico al trabajo sexual, que diferencia entre el trabajo sexual en régimen especial de trabajo autónomo y el trabajo sexual asalariado.

1. Personas trabajadoras sexuales en régimen especial de trabajo autónomo

1.1. Encuadramiento

Estarían encuadradas en el RETA, como hasta ahora ocurre. Sus derechos y obligaciones de cotización se rigen por la normativa común de la Seguridad Social prevista para el trabajo autónomo. Proponemos que se les apliquen las bonificaciones en la cuota prevista para todas las personas en Régimen Especial de Trabajo Autónomo.

1.2. Acción protectora

Vinculándolo con el derecho a la seguridad y salud en el trabajo, destacamos que la intensidad y particularidad de la prestación de servicios sexuales implica que, a partir de una edad, es un trabajo que requiere un esfuerzo físico y emocional que puede superar la condición física de la persona que lo ejerce, o incluso ser incompatible. Por ello, al igual que ocurre en el sector de la minería del carbón, proponemos que se aplique un porcentaje de reducción de la edad de jubilación que sea también aplicable al trabajo por cuenta ajena.

2. Personas trabajadoras sexuales por cuenta ajena

*2.1. Sistema Especial de Trabajo Sexual por cuenta ajena
—a terceros/asalariadas*

Proponemos la creación de un Sistema Especial de Trabajo Sexual por cuenta ajena encuadrado dentro del Régimen General de la Seguridad Social. Su razón de ser es su mejor adecuación a la cotización y liquidación de los derechos de la Seguridad Social de las personas que ejercen el trabajo sexual, que no todos los meses obtienen los mismos ingresos, pues no todos los meses realizan un número idéntico de servicios sexuales. No proponemos un Régimen Especial. Para su elaboración hemos mezclado aspectos del Régimen General común, del Sistema Especial de Artistas en Espectáculos Públicos (SEAEP), y del Sistema Especial de Servicio de Hogar y

Cuidados. Nada de lo que proponemos es algo que no se aplique ya en el Estado español a colectivos de trabajadores/as especiales.

2.2. Encuadramiento

Estarán comprendidas en el Sistema Especial las personas trabajadoras del sexo.

2.3. Cotización y liquidación

La dinámica del trabajo sexual exige que pensemos en otra manera de cotizar y liquidar los derechos. Una persona que ejerce el trabajo sexual no presta el mismo número de servicios sexuales o de actuaciones —sector de la pornografía— una u otra semana, y por lo tanto, el salario que percibe puede variar dependiendo del mes.

El tiempo de trabajo está dividido en tiempo de trabajo efectivo y tiempo en presencia. Ambos variarán en función de la semana y mensualmente. Concretamente, el tiempo de trabajo efectivo, es decir, los servicios sexuales prestados, podrán variar dando lugar a percibir ingresos diferentes cada mes.

Por ello, proponemos que se haga una cotización y liquidación como ocurre en el SEAEP, donde la parte empresarial se encarga de informar mensualmente a la Tesorería General de la Seguridad Social de los salarios efectivamente abonados a cada trabajadora. Creemos que en el caso del trabajo sexual es la manera más adecuada de cotizar y liquidar los derechos.

2.4. Acción protectora

Proponemos dos mejoras en cuanto al desempleo y a la jubilación.

— Jubilación. Proponemos rebajar la edad mínima para tener derecho a la pensión. Se trata de una medida recogida en nuestro ordenamiento jurídico y que se aplica actualmente en las normas de mejora de la minería del carbón.

— Desempleo. Defendemos que se reconozca que la persona que ejerce el trabajo sexual pueda extinguir el contrato de trabajo en cualquier momento sin alegar justa causa, y que la misma sea considerada como situación legal de desempleo en los términos del artículo 267 de la Ley General de la Seguridad Social[165]. De este modo, como ya hemos explicado en relación a la baja voluntaria, estas personas tendrán derecho a acceder a la

---

165. Real Decreto Legislativo 8/2015, de 30 de octubre, por el que se aprueba el texto refundido de la Ley General de la Seguridad Social.

prestación por desempleo en caso de que se cumplan el resto de requisitos previstos en el artículo 266 de dicha ley.

F. PREVENCIÓN DE RIESGOS LABORALES

1. Remisión a la legislación de seguridad y salud laboral

Nuestra propuesta quiere igualar los derechos de todo el conjunto de personas trabajadoras, de forma que a las trabajadoras del sexo les sean de aplicación las normas de Derecho Laboral. Todo esto siempre que no sea un perjuicio respecto a las especialidades del trabajo sexual. Para el respeto y garantía de la seguridad y salud laboral en el ámbito del trabajo sexual, proponemos hacer una remisión a toda la normativa de prevención de riesgos laborales, concretamente a que se aplique la Ley 31/1995[166] y sus reglamentos de desarrollo.

2. Derecho y deber de las personas trabajadoras

2.1. Estatuto de los Trabajadores

El artículo 4.2 d) del Estatuto de los Trabajadores reconoce el «derecho a su integridad física y a una adecuada política de prevención de riesgos laborales». El artículo 5 b) establece como deber de las personas trabajadoras «observar las medidas de prevención de riesgos laborales que se adopten».

2.2. Ley 15/1995 de Prevención de Riesgos Laborales

El Capítulo III. Derechos y obligaciones de la ley, entre otros aspectos, señala que:
- Las personas trabajadoras tienen derecho a una protección eficaz en materia de seguridad y salud en el trabajo, y que es el empresario quien tiene un correlativo deber de protección de los/as trabajadores/as frente a los riesgos laborales.
- En cumplimiento del deber de protección, la parte empresarial deberá garantizar la seguridad y la salud de los/as trabajadores/as a su servicio en todos los aspectos relacionados con el trabajo.
- Entre otras acciones deberá realizar la prevención de los riesgos mediante la integración de la actividad preventiva en la empresa y la

---

166. Ley 31/1995, de 8 de noviembre, de Prevención de Riesgos Laborales.

adopción de cuantas medidas sean necesarias para la protección de la seguridad y la salud de las personas trabajadoras, con las especialidades que se recogen en los artículos de este Capítulo III en materia de plan de prevención de riesgos laborales, evaluación de riesgos, información, consulta y participación y formación de los trabajadores, actuación en casos de emergencia y de riesgo grave e inminente, vigilancia de la salud, y mediante la constitución de una organización y de los medios necesarios en los términos establecidos en el capítulo IV de esta ley.

- El empresario deberá cumplir las obligaciones establecidas en la normativa sobre prevención de riesgos laborales.
- El coste de las medidas relativas a la seguridad y la salud en el trabajo no deberá recaer en modo alguno sobre las personas trabajadoras.

Esto quiere decir que es el empresario quien tiene que asumir los costes de equipos de protección individual y colectiva que hasta ahora vienen asumiendo las personas que ejercen el trabajo sexual.

3. Participación de los colectivos de personas trabajadoras sexuales y de otros colectivos que las apoyan

En la elaboración de medidas de prevención creemos que es indispensable que participen personas trabajadoras sexuales, así como colectivos como CATS o Bizkaisida, entre otros, que llevan años realizando un trabajo vinculado a la salud y seguridad en este ámbito. Realizamos un llamamiento a que el Instituto Nacional de Seguridad y Salud en el Trabajo y el Instituto Nacional de la Seguridad Social tengan en cuenta estos agentes, para elaborar unas medidas de prevención que puedan concretarse en un texto normativo. Dicho texto contemplaría de forma específica los riesgos a los que se encuentran expuestas las personas trabajadoras del sexo, así como los accidentes de trabajo y enfermedades profesionales específicas a las que estén expuestas.

G. DISPOSICIONES ADICIONALES, TRANSITORIAS Y DEROGATORIAS

1. Adicionales

1.1. Realización de las Evaluaciones de Impacto en las que participen los colectivos constituidos o integrados por personas trabajadoras sexuales. El objeto de las Evaluaciones de Impacto es evaluar para mejorar en derechos.

1.2. La exigencia de responsabilidad por infracciones y sanciones en el orden social, desde su entrada en vigor, de acuerdo a lo previsto.

2. Transitorias

2.1. Contratos en vigor. Proponemos dar un plazo de seis meses para formalizar por escrito los contratos de trabajo vigentes que, como consecuencia de la nueva regulación, deban celebrarse por escrito. Esto mismo se hizo con las personas empleadas dedicadas al Servicio del Hogar y Cuidados.

2.2. Condición más beneficiosa. Lo propuesto no afectará a las condiciones más beneficiosas existentes, sin perjuicio de lo establecido en materia de compensación y absorción de salarios en los artículos 26.5 y 27.1 del Estatuto de los Trabajadores.

3. Derogatorias

- Código penal. Se derogan el párrafo segundo del apartado 1 del artículo 187 del Código Penal.[167]
- "Ley Orgánica 4/2015, de 30 de marzo, de protección de la seguridad ciudadana". Se derogan el apartado 11 del artículo 36 y el apartado 5 del artículo 37.
- Publicidad. Se deroga la última parte del apartado 1 del artículo 11 de la "Ley Orgánica 10/2022, de 6 de septiembre, de garantía integral de

---

167. Dicho apartado quedaría redactado de la siguiente manera:

El que, empleando violencia, intimidación o engaño, o abusando de una situación de superioridad o de necesidad o vulnerabilidad de la víctima, determine a una persona mayor de edad a ejercer o a mantenerse en la prostitución, será castigado con las penas de prisión de dos a cinco años y multa de doce a veinticuatro meses.

2. Se impondrán las penas previstas en los apartados anteriores en su mitad superior, en sus respectivos casos, cuando concurra alguna de las siguientes circunstancias:

a) Cuando el culpable se hubiera prevalido de su condición de autoridad, agente de ésta o funcionario público. En este caso se aplicará, además, la pena de inhabilitación absoluta de seis a doce años.

b) Cuando el culpable perteneciere a una organización o grupo criminal que se dedicare a la realización de tales actividades.

c) Cuando el culpable hubiere puesto en peligro, de forma dolosa o por imprudencia grave, la vida o salud de la víctima.

3. Las penas señaladas se impondrán en sus respectivos casos sin perjuicio de las que correspondan por las agresiones o abusos sexuales cometidos sobre la persona prostituida.

la libertad sexual".[168] Se deroga el último inciso del párrafo segundo de la letra a) del artículo 3.1 de la Ley 34/1988, de 11 de noviembre, General de Publicidad.[169]

- Normativa general. Se deroga aquella normativa estatal, autonómica y municipal de rango inferior a ley orgánica, que sea contraria a la materia.

---

168. Quedará redactado de la siguiente manera:
Artículo 11. Prevención y sensibilización en el ámbito publicitario.
　1. Se considerará ilícita la publicidad que utilice estereotipos de género que fomenten o normalicen las violencias sexuales contra las mujeres, niñas, niños y adolescentes.
169. Quedando así redactado:
[...] Asimismo, se entenderá incluida en la previsión anterior cualquier forma de publicidad que coadyuve a generar violencia o discriminación en cualquiera de sus manifestaciones sobre las personas menores de edad, o fomente estereotipos de carácter sexista, racista, estético o de carácter homofóbico o transfóbico o por razones de discapacidad. [...]

CONCLUSIONES

> "Nuestra lucha no es sectorial."
> Georgina Orellano, trabajadora sexual sindicalista

> "No hay solidaridad migrante sin solidaridad prostituta y no hay solidaridad entre prostitutas sin solidaridad con los migrantes. Las dos luchas están inextricablemente ligadas la una con la otra".
> Juno Mac y Molly Smith[170]

Seremos breves en las conclusiones ya que las mismas se encuentran reiteradas a lo largo de todo el texto. Sí, es posible un sistema en el que se reconozca el trabajo sexual como trabajo y se protejan y garanticen los derechos de las personas que lo ejercen en sus diferentes modalidades. Somos conscientes de que exigir derechos no es hacer la revolución, ni que tampoco implica que se solucionen de forma automática todos los problemas creados por el sistema capitalista. Pero es innegable que tener derechos laborales, económicos y sociales es una herramienta que nos permite luchar a todos en mejores condiciones. Por eso, exigir derechos para todos es un compromiso necesario para la mejora del punto de partida.

Es necesario luchar juntos por la despenalización del trabajo sexual. Si hasta ahora no se ha abordado la cuestión desde una perspectiva proderechos y antipunitivista es por una falta de voluntad y por estar el falso debate enquistado en la moral. Hay que dejar de lado el feminismo burgués antiderechos y abrazar un feminismo para todes donde todas las vidas importen.

---

170. Mac Juno y Smith Molly, *Putas insolentes. La lucha por los derechos de las trabajadoras sexuales,* Madrid, Traficantes de sueños, 2020,

ANEXO
PROPUESTA DE LEY ORGÁNICA

Borrador de una Propuesta de Ley Orgánica para la Despenalización del Trabajo Sexual y su inclusión en el Derecho del Trabajo y de la Seguridad Social.

ÍNDICE

TÍTULO V. Seguridad Social trabajadores/as asalariados/as

CAPÍTULO I. Encuadramiento e inscripción de empresas

Artículo 78. Encuadramiento dentro del Sistema Especial de Trabajo Sexual por cuenta ajena.

Artículo 79. Inscripción de empresas y afiliación, altas, bajas y variaciones de datos de trabajadores/as sexuales.

CAPÍTULO II. Acción protectora y especialidades

Artículo 80. Acción protectora.

Artículo 81. Desempleo.

Artículo 82. Jubilación.

CAPÍTULO III. Cotización y liquidación

Artículo 83. Categoría profesional y grupo de cotización.

Artículo 84. Cotización y liquidación.

Artículo 85. Cotización y liquidación cuando la forma de retribución sea por servicios efectivamente prestados.

Artículo 86. Tipos de cotización.

[DISPOSICIONES ADICIONALES]

Disposición adicional primera. Evaluaciones de Impacto.

Disposición adicional segunda. Exigencia de responsabilidad por infracciones y sanciones en el orden social.

[DISPOSICIONES TRANSITORIAS]

Disposición transitoria primera. Contratos en vigor.

Disposición transitoria segunda. Condición más beneficiosa.

[DISPOSICIONES DEROGATORIAS]

Disposición derogatoria primera. Código penal.

Disposición derogatoria segunda. "Ley orgánica de protección de la seguridad ciudadana".

Disposición derogatoria tercera. Publicidad.

Disposición derogatoria cuarta. Normativa general.

TÍTULO I. DESPENALIZACIÓN

CAPÍTULO I. DISPOSICIONES GENERALES

Sección 1ª. Objeto y principios rectores

Artículo 1. Objeto de la ley.

1. El objeto de esta ley es la despenalización del trabajo sexual y la creación de un marco legal que salvaguarde los derechos humanos de los/as trabajadores/as sexuales, los/as proteja de la explotación, promueva la seguridad y salud en el trabajo y favorezca la salud pública.

2. La despenalización no se basa en un juicio moral sobre el trabajo sexual, sino que sigue una perspectiva pragmática y de reducción de daños para las personas trabajadoras. Su objetivo final es la lucha contra la pobreza, la discriminación y la exclusión social, y permitir que los/as trabajadores/as del sexo tengan y accedan a los mismos derechos que los/as demás trabajadores/as.

Artículo 2. Despenalización.

1. La despenalización consiste en el reconocimiento de la licitud del ejercicio de la actividad sexual retribuida y su consumo en sus modalidades de trabajadores/as independientes, autónomos/as y por cuenta ajena.

2. El ejercicio del trabajo sexual se regulará por las leyes laborales cuando sea una actividad asalariada, aplicándose esta ley y subsidiariamente la normativa de Derecho del Trabajo y de la Seguridad Social, y por la normativa aplicable al Trabajo Autónomo en los casos que así proceda.

Artículo 3. Principios rectores e inspiradores.

1. Respeto, protección y garantía de los derechos humanos y de los derechos fundamentales de los/as trabajadores/as sexuales previstos en los tratados internacionales de derechos humanos.

2. Libre elección de profesión u oficio en los términos del artículo 35 de la Constitución Española.

3. Lucha contra la pobreza, la exclusión social y la discriminación.

4. Lucha contra la trata con fines de explotación sexual.

5. Perspectiva de reducción de daños para las personas trabajadoras del sexo. Las instituciones públicas tendrán una perspectiva de reducción de

daños al abordar el trabajo sexual, tanto en el diseño de políticas públicas y acciones como en las medidas que se adopten para despenalizar el trabajo sexual, que contribuya a eliminar el estigma del colectivo y que, sin utilizar un enfoque criminalizador o moralista, tenga por objeto reducir los riesgos asociados al ejercicio del trabajo sexual.

6. Prohibición de discriminación. Las instituciones públicas garantizarán que las normas previstas en esta ley orgánica se apliquen sin discriminación alguna por motivos de sexo, género, origen racial o étnico, nacionalidad, religión o creencias, salud, edad, clase social, orientación sexual, identidad sexual, discapacidad, estado civil, migración o situación administrativa, o cualquier otra condición o circunstancia personal o social.

7. Garantía y promoción del derecho a la salud de los/ as trabajadores/ as sexuales en términos de no discriminación e igualdad. Se reconoce el derecho a la salud del colectivo de trabajadores/as sexuales en los términos del artículo 43 de la Constitución Española y sus normas de desarrollo, prohibiendo la discriminación por motivos tales como el origen racial o étnico, la nacionalidad, la discapacidad, la orientación sexual, la identidad sexual, la edad, la salud, la clase social, la migración, la situación administrativa u otras circunstancias que implican posiciones más desventajosas de determinados sectores para el ejercicio efectivo de sus derechos.

8. Promoción de prácticas sexuales seguras desde el ámbito de la seguridad y salud en el trabajo.

9. Lucha contra el estigma. Las instituciones públicas llevarán a cabo actuaciones encaminadas a erradicar el estigma de trabajador/a sexual, considerándose discriminadoras aquellas acciones u omisiones que generen dicho estigma. Consultarán y harán partícipes a los colectivos y asociaciones constituidos por trabajadores/as sexuales en el diseño y puesta en marcha de las actuaciones.

10. Participación. En el diseño, aplicación y evaluación de las normas y las políticas públicas previstas en esta ley orgánica y en las disposiciones que se dicten en la materia, se garantizará la participación de los/as trabajadores/as sexuales y colectivos y asociaciones constituidas por trabajadores/as sexuales.

11. Empoderamiento. Todas las normas y políticas que se adopten en ejecución de la presente ley orgánica pondrán los derechos de los/as trabajadores/as sexuales en el centro de todas las medidas.

Artículo 4. Remisión a la legislación laboral del trabajo autónomo y de la Seguridad Social.

1. El ejercicio libre y voluntario de la actividad sexual retribuida no se regula desde el derecho penal, sin perjuicio de que se le aplica el título XV, "De los delitos contra los derechos de los trabajadores", libro I Ley Orgánica 10/1995, de 23 de noviembre, del Código Penal y demás normas de protección de los/as trabajadores/ as.

2. La relación laboral de los/las trabajadores/as sexuales se propone regular como especial de acuerdo con artículo 2.1.b) de la Ley del Estatuto de los Trabajadores, Texto Refundido aprobado por Real Decreto Legislativo 1/1995, de 24 de marzo.

3. El trabajo sexual autónomo se regulará por esta ley, por la Ley del Estatuto del Trabajo Autónomo y por el resto de normativa específica que sea de aplicación.

Sección 2ª. Definiciones

Artículo 5. Función de las definiciones.

Las definiciones que se encuentran en el artículo 5 orientarán el alcance de los conceptos y nociones que se mencionan a lo largo de la ley. Los listados tendrán carácter expositivo y no taxativo, siempre que no sea perjudicial para la persona trabajadora, y se considerará subsumida bajo las mismas toda aquella situación o relación jurídica que cumpla los requisitos del ámbito de aplicación de esta ley.

Artículo 6. Definiciones.

1. Trabajo sexual: Actividad consistente en la prestación libre y voluntaria de un servicio o actividad de carácter sexual por parte de una persona, a cambio de un precio o salario, en sus modalidades autónoma, por cuenta ajena e independiente.

2. Trabajador/a sexual: Es la persona mayor de 18 años que decide de forma libre y voluntaria prestar servicios sexuales a cambio de un precio o una remuneración en todas sus modalidades.

Algunas diferentes figuras que se encuadran bajo esta denominación en función del lugar o sector en el que prestan los servicios son:

- Trabajadores/as de clubs.

- Trabajadores/as bares y whiskerías.
- Trabajadores/as de pisos.
- Trabajadores/as de centros de masaje.
- Trabajadores/as de agencias.
- Trabajadores/as independientes.
- Trabajadores/as independientes de calle.
- Trabajadores/as autónomos.
- Trabajadores/as actrices y actores de la pornografía.
- Todos/as aquellos/as que realicen las actividades objeto de esta ley en las condiciones establecidas en la misma.

3. Parte empresarial / empresario/a: Por empresario/a se entenderá,

a. Todas las personas, físicas o jurídicas, o comunidades de bienes que gestionen, organicen y/o dirijan un negocio en el que se desarrolla la actividad sexual remunerada, consistente en la prestación de servicios de carácter sexual por las personas referidas en el apartado anterior, para obtener beneficios económicos, y que ostentan el poder de dirección y organización con las limitaciones y matizaciones que se establecen en esta ley.

b. La persona física o jurídica titular del conjunto de factores productivos (humanos, técnicos y financieros) organizados y coordinados por la dirección, y dedicados al negocio cuya actividad es la prestación de servicios o actividades de carácter sexual.

c. La persona física o jurídica organizadora y/o coordinadora del conjunto de factores productivos (humanos, técnicos y financieros) organizados y coordinados por la dirección, dedicados a la comercialización de actividades de carácter sexual.

d. El/la empleador/a o empresa que organiza o produce una actividad artística de contenido sexual.

4. Clientes: Usuarios/as que disfrutan de los servicios sexuales desarrollados por la persona trabajadora a cambio de un precio, que actúan con un propósito ajeno a su actividad comercial, empresarial, oficio o profesión.

5. Pagadores del servicio: Personas que contratan y pagan el servicio sexual para sí mismas o para una tercera persona.

6. Establecimiento de trabajo sexual: Lugar en el que se lleva a cabo la actividad sexual remunerada de forma libre y voluntaria, ya sea por cuenta propia o ajena. Puede consistir en un local, un conjunto de pisos, un piso,

un conjunto de habitaciones, una habitación o cualquier otro espacio físico. El lugar o establecimiento será considerado centro de trabajo a los efectos de las normas laborales y de Seguridad Social.

7. Industria del sexo: Engloba el conjunto de las actividades relacionadas con los servicios sexuales. Puede encuadrarse en áreas de la economía tales como: servicios personales, ocio, espectáculos, entre otros, respetando siempre la aplicación de la legislación laboral y de Seguridad Social específica relativa a los servicios sexuales.

8. Prácticas sexuales seguras: Se refiere a todas aquellas que se realicen respetando la normativa de derecho laboral y de seguridad y salud laboral.

10. Consentimiento en el trabajo sexual. Manifestación de la voluntad expresa de la persona trabajadora acerca de un hecho específico, que exterioriza su conformidad sobre ese hecho, siendo en este caso, la prestación de servicios sexuales.

11. Estigma "puta": Es la caracterización negativa dada al colectivo de trabajadores/as sexuales que impone una distinción entre las/os trabajadores/as del sexo y el resto de las personas, basándose, entre otras, en una perspectiva moralista y criminalizadora que relega al colectivo de trabajadores/as sexuales al ámbito de lo moralmente malo y por lo tanto, de algo a erradicar. Los efectos de esta caracterización son la deshumanización, y el desplazamiento del colectivo a una situación de desigualdad social y de discriminación.

Dentro del estigma se encuentra la perspectiva higienizante, aquella desde la cual se define al colectivo de trabajadores/as sexuales como un colectivo portador de infecciones. Esta perspectiva pone la atención en el control de la población dedicada a esta actividad a través, por ejemplo, de registros y de pruebas médicas, deshumanizando y estigmatizando a estos/as trabajadores/as.

Sección 3ª. Convalidación de contratos y arraigo laboral

Artículo 7. Convalidación de contratos.

Los contratos, cualquiera que sea su forma, que existan entre trabajadores/as sexuales y empresario/as, y que no estén legalmente formalizados a consecuencia de la penalización serán convalidados siempre que la persona trabajadora lo consienta y deberán ajustarse a lo previsto en la presente ley de acuerdo a lo señalado en las disposiciones transitorias primera y segunda.

Artículo 8. Arraigo laboral.

1. Teniendo en cuenta la existencia relaciones de trabajo por cuenta ajena, entre trabajadores/as sexuales en situación administrativa irregular y empresarios/as, anteriores a la descriminalización legal del trabajo sexual, se propone el reconocimiento del arraigo laboral en aquellos casos en los que se cumplan los requisitos previstos en los siguientes apartados.

2. Por arraigo laboral, podrán obtener una autorización los/as trabajadores/as sexuales extranjeros/as que acrediten la permanencia continuada en España durante un periodo mínimo de dos años, siempre que carezcan de antecedentes penales en España y en su país de origen o en el país o países en que haya residido durante los últimos cinco años, que demuestren la existencia de relaciones laborales cuya duración no sea inferior a seis meses, y que se encuentren en situación de irregularidad en el momento de la solicitud.

A los efectos de acreditar la relación laboral y su duración, el/la interesado/a deberá presentar cualquier medio de prueba que acredite la existencia de una relación laboral previa realizada.

CAPÍTULO II ÁMBITO DE APLICACIÓN

Sección 1ª Ámbito de aplicación subjetivo y exclusiones

Artículo 9. Trabajadores/as sexuales autonomos/as.

Están incluidas en el ámbito de aplicación de esta ley las personas físicas mayores de 18 años que realicen de forma habitual, personal, directa, por cuenta propia y fuera del ámbito de dirección y organización de otra persona, una actividad económica o profesional de carácter sexual a título lucrativo, den o no ocupación a trabajadores por cuenta ajena.

Artículo 10. Trabajadores/as sexuales por cuenta ajena.

1. Esta ley será de aplicación a los/as trabajadores/as mayores de 18 años que voluntariamente presten sus servicios sexuales retribuidos por cuenta ajena y dentro del ámbito de organización y dirección de otra persona, denominada empleador/a o empresario/a, con quien mantienen una relación laboral de carácter especial.

Quedan incluidas como trabajadores/as sexuales aquellas personas que desarrollan su actividad artística de contenido sexual en las artes escénicas, audiovisuales y musicales.

2. Se considera relación laboral especial de trabajo sexual la que conciertan el/la empresario/a y la persona trabajadora que presta los servicios sexuales retribuidos por cuenta de aquella.

Dentro de esta se encuentra la establecida entre el/la empleador/a que organiza o el que produce una actividad artística de contenido sexual, y quienes desarrollen voluntariamente una actividad artística de contenido sexual, por cuenta y dentro del ámbito de organización y dirección de aquel/la a cambio de una retribución.

Artículo 11. Trabajadores/as independientes.

Serán aquellos/as trabajadores/as sexuales que ejerzan el trabajo sexual por cuenta propia con carácter esporádico, sin alcanzar con el mismo el salario mínimo interprofesional en cómputo mensual o anual.

No será preceptiva su alta en el Régimen Especial de Trabajadores/as Autónomos/as por no cumplir el requisito de habitualidad al no alcanzar con dicha actividad sexual el SMI.

Artículo 12. Exclusiones. En ningún caso podrán realizar los trabajos relativos al servicio sexual personas menores de 18 años.

Sección 2ª Ámbito de aplicación objetivo y exclusiones

Artículo 13. Trabajo sexual y actividad sexual remunerada.

1. El trabajo sexual se encuentra definido en el artículo 6 de esta ley orgánica. Es la actividad consistente en la prestación libre y voluntaria de un servicio de carácter sexual, por parte de una persona a otra para su disfrute, a cambio de un precio o salario, en sus modalidades autónoma, por cuenta ajena e independiente.

Se considera trabajo sexual la actividad artística de contenido sexual desarrollada en el marco de las artes escénicas, audiovisuales y musicales.

2. La actividad sexual remunerada engloba los diferentes servicios de carácter sexual prestados de forma libre y voluntaria por un/a trabajador/a sexual a otra persona, denominada cliente, a cambio de una remuneración, ya sea salario en su modalidad asalariada o un precio en su modalidad autónoma o independiente.

Artículo 14. Exclusiones. No se considerará trabajo sexual aquel que se realice sin que medie la libre voluntad de la persona trabajadora.

Artículo 15. Prostitución forzosa y otras formas de proxenetismo.

1. La prostitución forzosa así como otras formas de proxenetismo serán interpretadas de acuerdo a lo previsto en el artículo 2 del Convenio 29 de la OIT sobre trabajo forzoso, con la especialidades siguientes:

La prostitución forzosa o explotación sexual es la actividad o trabajo sexual exigido a una persona que se presta bajo la amenaza de una pena cualquiera y para la cual dicha persona no se ofrece voluntariamente.

a. La "actividad forzosa": Por actividad sexual hay que entender cualquier servicio, actividad o esfuerzo humano de carácter productivo o de mera utilidad, siendo decisivo que sea exigido por un tercero y prestado bajo su dependencia.

b. «Exigida a una persona»: Será irrelevante que la persona sea nacional, o no, así como su situación administrativa regular o irregular.

c. La «amenaza de una pena cualquiera»: Abarca una amplia gama de medios utilizados para obligar a alguien a prestar un servicio. Incluye tanto la imposición de sanciones penales como el uso de distintas formas de coacción directa o indirecta, la violencia física, las amenazas psicológicas, el impago de los salarios, la retención de documentación, la limitación deambulatoria, la vigilancia constante, y otras de semejante entidad. La «pena» también puede ser una pérdida de derechos o privilegios (como la promoción, la transferencia o el acceso a un nuevo empleo).

d. "(Sin) voluntariedad": Hace referencia a la ausencia de consentimiento del trabajador o trabajadora sexual tanto en el momento inicial de constituirse la relación como en la posibilidad de poder abandonarlo en cualquier momento que él/ella decida.

TÍTULO II. TRABAJADORES/AS POR CUENTA AJENA

CAPÍTULO I. ESPECIALIDAD DE LA RELACIÓN LABORAL

Sección 1ª. Limitaciones al poder del empresario

Artículo 16. Poder de dirección y organización.

1. El poder de dirección y organización que otorga al empresario el artículo 20 del Estatuto de los Trabajadores se encuentra matizado en esta relación laboral de carácter especial debido a las características de la misma.

2. Para la determinación de las condiciones de ejecución de la prestación laboral sexual, el empresario deberá ajustarse a lo dispuesto en esta ley y en el resto de normas que sean de aplicación, atendiendo a la normativa sobre seguridad y salud laboral.

3. El empresario no tiene potestad para decidir unilateralmente las prácticas a realizar, ni imponer la forma o modo de ejecución de la actividad sexual, siendo decisión exclusiva de la persona trabajadora las prácticas que realiza y las que no.

En este caso por prácticas se entiende no solo las sexuales sino también aquellas que guarden relación directa con ellas y que afecten a la integridad, intimidad o dignidad de la persona trabajadora.

4. Cualquier comportamiento que tenga por objeto extralimitar este poder de dirección será considerado infracción muy grave en materia laboral o de prevención de riesgos laborales según el caso, sin perjuicio de la responsabilidad en materia administrativa, civil y penal que pueda derivarse.

A estos efectos se introducirá un apartado nuevo en el artículo 8. "Infracciones muy graves en el ámbito laboral" del Texto Refundido de la Ley de Infracciones y Sanciones en el Orden Social, y en el artículo 13. sobre infracciones en materia de prevención de riesgos laborales.

5. El empresario no podrá llevar a cabo medidas contra el/la trabajador/a que tengan por objeto sancionar o reprimir decisiones tales como: la retirada del consentimiento, la negativa de realizar servicios sexuales en general, un servicio concreto o un tipo de servicio sexual.

Artículo 17. Garantía de indemnidad.

1. Se les reconoce este derecho fundamental a los/as trabajadores/as sexuales en igualdad de condiciones que al resto de personas trabajadoras.

2. En el caso concreto del trabajo sexual, además, las personas trabajadoras estarán protegidas con la garantía de indemnidad cuando lleven a cabo cualquier queja o reclamación verbal o escrita dirigida al empresario frente a sus extralimitaciones de poder, o frente a las medidas que el/la empresario/a lleve a cabo contra el/la trabajador/a, como respuesta a: la retirada del consentimiento, la negación de realizar servicios sexuales en general, un concreto servicio o un tipo de servicio sexual. Todo ello sin perjuicio de la responsabilidad que pueda derivarse en otros órdenes.

Artículo 18. Poder de dirección y control.

El empresario podrá adoptar las medidas que estime más oportunas de vigilancia y control para verificar el cumplimiento por el/la trabajador/a de sus obligaciones y deberes laborales.

En la adopción y aplicación de dichas medidas deberá guardar la consideración debida a la dignidad de los/as trabajadores/as y tener en cuenta todo lo previsto en esta ley, especialmente en lo referido a la prohibición de realizar conductas estigmatizantes.

Sección 2ª. Clientes

Artículo 19. Obligaciones y responsabilidad de los clientes.

1. El cliente es aquella persona mayor de 18 años que disfruta del servicio sexual remunerado por cuenta propia o ajena, lo haya abonado el mismo o una tercera persona, actuando con un propósito ajeno a su actividad comercial, empresarial, oficio o profesión.

2. El cliente está obligado a respetar y cumplir las obligaciones de seguridad y salud laboral previstas en la normativa de prevención de riesgos laborales, así como aquellas que establezca el establecimiento con el fin de promover prácticas sexuales seguras.

3. El cliente tiene que cumplir diligentemente y de buena fe las obligaciones de pago.

4. El incumplimiento de cualquiera de las obligaciones implicará que se derive la oportuna responsabilidad administrativa, penal y civil.

Artículo 20. Prohibición de acciones estigmatizantes y promoción de prácticas sexuales seguras.

El cliente se encuentra sujeto a la prohibición de realizar acciones que generen estigma y a la obligación de promover las prácticas sexuales seguras.

Artículo 21. Información, formación y educación.

1. En relación al artículo 17 del Texto refundido de la Ley General para la Defensa de los Consumidores y Usuarios y otras leyes complementarias, señalar que, en caso de que los medios de comunicación social de titularidad pública estatal dediquen espacios y programas, no publicitarios, a la información y educación de los consumidores y usuarios en esta mate-

ria, para el diseño, elaboración y puesta en marcha de los mismos deberán hacer partícipes a trabajadores/as sexuales en activo y/o a colectivos constituidos por trabajadores/as sexuales.

2. La información y educación irá dirigida a fomentar las prácticas sexuales seguras, luchar contra el estigma y garantizar el respeto de las normas en la materia.

Artículo 22. Pago.

1. El pago del servicio sexual se abonará siempre por adelantado y en la forma que determine el/la trabajador/a, la empresa, o en su defecto, según lo acordado entre el titular del establecimiento y los/as trabajadores/as.

2. En ningún caso el pago del servicio dará derecho a su disfrute cuando el/la trabajador/a sexual retire su consentimiento en cualquier momento previo a la prestación del servicio o durante la misma, sin que sea necesario justificar la retirada del consentimiento.

Artículo 23. Actividad autónoma e independiente.

Las disposiciones relativas al cliente de los artículos anteriores serán de aplicación al trabajo sexual autónomo e independiente.

CAPÍTULO II INGRESO AL TRABAJO
Sección 1ª. Protección de datos y Servicios Públicos de Empleo

Artículo 24. Protección de datos.

Toda persona que ingrese al trabajo sexual tiene derecho a que sus datos personales sean tratados como los del resto de personas trabajadoras de cualquier otro sector o actividad, de acuerdo a la Constitución Española, a la normativa laboral y de Seguridad Social y de Protección de Datos Personales.

Artículo 25. Prohibición de Registros estigmatizantes.

Se prohíbe la existencia de registros de trabajadores/as sexuales que puedan generar estigma, así como registros policiales de trabajadores/as sexuales.

A estos efectos, en todo caso se considerarán registros estigmatizantes aquellos que tengan una perspectiva higienizante o criminalizadora de las personas trabajadoras del sexo.

Artículo 26. Servicios Públicos de Empleo.

1. Los Servicios Públicos de Empleo tendrán un papel activo encaminado a mejorar las condiciones laborales y socioeconómicas de las personas que se encuentren ejerciendo el trabajo sexual, debiendo colaborar, consultar y hacer partícipes en dicho papel activo a las organizaciones y colectivos constituidos por trabajadores/as sexuales.

2. Los Servicios Públicos de Empleo realizarán acciones formativas para trabajadores/as sexuales que serán creadas, coordinadas y llevadas a cabo con la participación indispensable de colectivos u organizaciones constituidas por trabajadores/as sexuales.

3. No se ofertarán puestos de trabajo sexual a través de los Servicios Públicos de Empleo. Ninguna persona que se encuentre en situación de búsqueda de empleo y/o desempleo podrá ser obligada a incorporarse al trabajo sexual.

Sección 2ª. Contrato

Artículo 27. Capacidad para contratar.

1. Tienen capacidad para contratar como trabajadores/as sexuales las personas mayores de 18 años que tengan capacidad de obrar de acuerdo a las normas civiles.

2. Tienen capacidad para contratar como empresario/as las personas mayores de 18 años que tengan capacidad de obrar de acuerdo a las normas civiles, así como las personas jurídicas o comunidades de bienes.

3. No podrán contratar como empresario/as, sean personas físicas o jurídicas, quienes hayan sido condenados/as por delitos contra los derechos de los/as trabajadores/as, violencia sexual, violencia de género, trata, tráfico de personas o equivalentes.

Artículo 28. Prohibición de cesión y subcontratación.

Con el objeto de evitar abusos y riesgos laborales, se prohíbe la cesión de trabajadores y la subcontratación en esta actividad económica. Se incluirá en el Texto Refundido de Infracciones y Sanciones en el Orden Social como infracción muy grave.

Sección 3ª. Tipos de contrato y periodo de prueba

Artículo 29. Contrato indefinido y contrato fijo discontinuo.

1. La contratación indefinida se regulará según lo previsto en el artículo 15 y siguientes del Estatuto de los Trabajadores, así como en lo que se pueda establecer por medio de convenios colectivos o contratos particulares.

2. Podrán celebrarse contratos fijo-discontinuos de acuerdo al artículo 16 del Estatuto de los Trabajadores.

Artículo 30. Contratos temporales. Sistema plaza.

1. Podrán celebrarse contratos temporales según lo dispuesto en el artículo 15 y siguientes y en el Real Decreto 2720/1998, y demás normativa que sea de aplicación.

2. Sistema plaza.

En principio tiene una duración de 21 días, y su celebración depende de la aceptación por parte de la persona trabajadora. Las personas trabajadoras que se encuentren realizando una plaza tendrán los mismos derechos que el resto de trabajadores/as.

Con el objeto de evitar que se utilice abusivamente por la parte empresarial, cuando una misma persona trabajadora esté más de 30 días cubriendo una plaza, o encadene dos contratos plaza en un mismo lugar, adquirirá la condición de fija siempre que manifieste su voluntad de adquirirla.

Artículo 31. Periodo de prueba

1. Será posible concertar un periodo de prueba que no sea de duración superior a una semana.

2. Durante el periodo de prueba la trabajador/a sexual tendrá los mismos derechos y obligaciones laborales y de la Seguridad Social que aquellos/as contratados/as por tiempo indefinido, con la única salvedad de que no se necesitará alegar justa causa para terminar con la relación laboral. Sin perjuicio de los derechos económicos, como el finiquito, relativos a la finalización de la relación laboral.

CAPÍTULO III CONTRATO LABORAL DE TRABAJO SEXUAL-ARTÍSTICO

Artículo 32. Definición.

1. El contrato laboral artístico de contenido sexual es aquel contrato de los/as trabajadores/as sexuales que desarrollan su actividad en las artes escénicas, audiovisuales y musicales.

2. Quienes realicen las actividades técnicas o auxiliares necesarias para el desarrollo de la actividad no se considerarán trabajadores/as sexuales, y a su relación jurídica laboral se les aplica el Real Decreto 1435/1985 de 1 de agosto, por el que se regula la relación laboral especial de los artistas en espectáculos públicos.

Artículo 33. Relación laboral artística dentro del trabajo sexual.

1. Es la establecida entre el/la empleador/a o empresario/a que organiza o produce una actividad artística de contenido sexual, y quienes desarrollan voluntariamente su trabajo sexual artístico, por cuenta y dentro del ámbito de organización y dirección de aquel a cambio de una retribución.

2. A los/as empleadores/as o empresarios/as que organizan o producen una actividad artística de contenido sexual se les aplica las normas sobre matización y limitación del poder empresarial del Título II. Capítulo I. "Especialidad de la relación laboral". sección 1ª. "Limitaciones al poder del empresario".

3. Se aplican los artículos del título II. capítulo II. "Ingreso al trabajo".

Artículo 34. Forma del contrato.

El contrato deberá formalizarse por escrito y se ajustará a lo señalado en el artículo 27 de esta ley orgánica.

Artículo 35. Duración y modalidades del contrato laboral artístico de carácter sexual.

1. El contrato de trabajo de los/as trabajadores/as sexuales que desarrollan su actividad en las artes escénicas, la actividad audiovisual y la música, podrá celebrarse para una duración indefinida o por tiempo determinado. Se les aplica lo previsto en esta ley orgánica y en el artículo 5 del Real Decreto 1435/1985 de 1 de agosto, por el que se regula la relación laboral especial de los artistas en espectáculos públicos.

2. El periodo de prueba se ajustará a lo dispuesto en el artículo 4 del citado Real Decreto, pudiendo concertarse en los contratos de duración superior a diez días.

Artículo 36. Derechos y deberes.

1. A la persona trabajadora se le aplican los derechos previstos en esta ley orgánica y en el Real Decreto 1435/1985 de 1 de agosto, por el que se regula la relación laboral especial de los artistas en espectáculos públicos.

2. La persona trabajadora está obligada a realizar la actividad artística de contenido sexual para la que se le contrató, en las fechas señaladas, aplicando la diligencia específica que corresponda a sus personales aptitudes artísticas, y siguiendo las instrucciones de la empresa en lo que afecte a la organización del espectáculo, todo ello en el marco de los límites del poder empresarial previstos en esta ley orgánica.

3. Será el/la trabajador/a quien decide las prácticas sexuales que realiza y las que no.

4. Se les aplica los apartado 3 y 4 del artículo 6 del Real Decreto 1435/1985 de 1 de agosto, por el que se regula la relación laboral especial de los artistas en espectáculos públicos, relativos al derecho de a la ocupación efectiva y al pacto de plena dedicación.

Artículo 37. Retribución y jornada.

1. Se aplica el artículo 7 del Real Decreto 1435/1985 de 1 de agosto, por el que se regula la relación laboral especial de los artistas en espectáculos públicos sobre retribuciones.

2. La jornada comprenderá la prestación efectiva de su actividad artística y el tiempo en que está bajo las órdenes de la empresa, a efectos de ensayo o de grabación de actuaciones.

Quedará excluida, en todo caso, la obligatoriedad de realización de ensayos gratuitos.

3. En materia de duración y distribución de la jornada se estará a lo que se disponga en el convenio colectivo o pacto individual, y en el artículo 8 del Real Decreto 1435/1985 de 1 de agosto, por el que se regula la relación laboral especial de los artistas en espectáculos públicos sobre retribuciones.

Artículo 38. Extinción del contrato.

La extinción del contrato se regirá por las normas previstas en esta ley orgánica, y cuando sea más beneficioso por lo previsto en el artículo 10 del Real Decreto 1435/1985 de 1 de agosto, por el que se regula la relación laboral especial de los artistas en espectáculos públicos.

CAPÍTULO IV CONTENIDO DE LA RELACIÓN LABORAL ESPECIAL DEL TRABAJO SEXUAL POR CUENTA AJENA

Sección 1ª. Derechos y deberes básicos de los/as trabajadores

Artículo 39. Derechos de los/as trabajadores/as.

El/La trabajador/a tendrá los derechos y deberes laborales establecidos en la presente ley y en el artículo 4 del Estatuto de los Trabajadores, con las especificaciones que se deriven de esta ley.

Artículo 40. Deberes de lo/as trabajadores.

Los/as trabajadores/as tendrán los deberes establecidos en el artículo 5 del Estatuto de los Trabajadores con las matizaciones previstas en esta ley.

No se aplicará el deber de no concurrencia con la actividad de la empresa.

Artículo 41. Derechos y deberes derivados del contrato.

Las personas que ejercen el trabajo sexual tienen derecho a la no discriminación en las relaciones laborales, a la inviolabilidad de la persona del trabajador, a la seguridad y salud en el trabajo, a la intimidad en relación con el entorno digital y a la desconexión, en los términos de los artículos 17, 18, 19 y 20 bis del Estatuto de los Trabajadores.

Artículo 42. Retribuciones y salario.

1. La retribución de las personas trabajadoras sexuales no estará sujeta al Salario Mínimo Interprofesional por considerarse una actividad de especial particularidad que, ya en la actualidad, es remunerada con cantidades bastante más altas.

2. En relación a las retribuciones, concretamente a los precios de los servicios sexuales, se respetarán las asignaciones netas existentes en la actualidad según los usos y costumbres, siempre que sean aceptados por la parte trabajadora.

Sección 2ª Obligaciones del/la empresario/a

Artículo 43. Obligación empresarial.

1. El/La empresario/a está obligado a cuidar de que la prestación laboral se ejecute en las debidas condiciones de seguridad y salud, respetando la intimidad de los/as trabajadores/as. Concretamente tiene la obligación de promover prácticas sexuales seguras, debiendo asegurarse de que el espacio de trabajo está correctamente equipado.

2. Para cumplir lo anterior adoptará las medidas adecuadas y eficaces, teniendo debidamente en cuenta las características específicas del trabajo sexual que se desarrolle en el establecimiento.

3. El incumplimiento de estas obligaciones será justa causa de terminación de la relación laboral por parte de el/la trabajador/a, sin perjuicio del resto de responsabilidades del empresario que puedan derivarse de la normativa de prevención de riesgos laborales.

Artículo 44. Obligación de la dotación suficiente y mantenimiento de medios, equipos y herramientas de trabajo.

1. La parte empresarial tiene la obligación de dotar a los espacios de trabajo o establecimientos en los que se desarrolle el trabajo sexual, de las instalaciones suficientes para que el mismo se desarrolle en condiciones óptimas de seguridad y salud.

2. La parte empresarial tiene la obligación de dotar a los/as trabajadores/as sexuales de equipos y herramientas suficientes para el desarrollo de la actividad sexual remunerada en condiciones óptimas de seguridad y salud.

3. Por convenio colectivo se podrá realizar un inventario de lo que se considere necesario en materia de instalaciones, equipos, medios y herramientas de trabajo.

En todo caso serán consideradas obligatorias aquellas previstas como tal en la normativa de seguridad y salud laboral, y las siguientes:

- Instalaciones: camas, ropa de cama, ducha y/o lavabo.
- Herramientas: lubricantes.
- Equipos de protección individual: preservativos.

4. La parte empresarial deberá encargarse del mantenimiento y limpieza del espacio de trabajo, incluyendo todas las instalaciones, y de dispensar de

forma gratuita a los/as trabajadores/as sexuales las herramientas y equipos de trabajo adecuados y necesarios para el desempeño de la actividad sexual.

5. Está prohibido y será nulo cualquier pacto o acuerdo en el que el empresario y trabajador/a acuerden que sea la parte trabajadora quien asuma el coste derivado del cumplimiento de las obligaciones anteriores.

CAPÍTULO V. TIEMPO DE TRABAJO

Artículo 45. Tiempo de trabajo efectivo.

El tiempo de trabajo efectivo en el trabajo sexual es aquel en el que el/la trabajador/a está desarrollando la prestación objeto del contrato de trabajo. Se considera trabajo efectivo el tiempo de ejercicio de los servicios o actividades de carácter sexual.

Artículo 46. Tiempo en presencia.

El tiempo en presencia es aquel en el que el/la trabajador/a no está desarrollando la prestación laboral, pero se encuentra en el lugar de trabajo a disposición del empresario y/o a la espera de les clientes.

Artículo 47. Periodos de descanso.

1. Los/as trabajadores/as sexuales tienen derecho a un descanso semanal de 48 horas consecutivas que serán acordados por convenio colectivo o de mutuo acuerdo entre las partes.

Entre el final de una jornada y el inicio de la siguiente deberá mediar un descanso mínimo de doce horas.

2. El/la trabajador/a tendrá derecho al disfrute de las fiestas y permisos previstos en el artículo 37 del Estatuto de los Trabajadores.

CAPÍTULO VI. MODIFICACIÓN, SUSPENSIÓN Y EXTINCIÓN

Sección 1ª Movilidad geográfica, y modificación sustancial de las condiciones de trabajo y suspensión

Artículo 48. Movilidad geográfica.

Para la movilidad geográfica de los/as trabajadores/as sexuales, se seguirán las normas previstas en el artículo 40 del Estatuto de los Trabajadores:

1. El traslado:

No se contempla dentro del trabajo sexual, salvo que exista acuerdo entre el/la trabajador/a y el empresario, que en ese caso se regirá por lo acordado entre ello/as, siempre que se respeten los mínimos establecidos en las normas de los convenios colectivos aplicables y del Estatuto de los Trabajadores.

En todo caso, será posible el traslado en los supuestos del apartados 3 del artículo 40 (traslado de cónyuges), apartado 4 (víctimas de violencia de género o de víctimas del terrorismo, ampliándose a los casos de víctimas de trata y violencia sexual), y apartado 5 (trabajadores/as con capacidades diversas).

2. El desplazamiento se rige por las normas del artículo 40 del Estatuto de los Trabajadores.

Artículo 49. Modificación de las condiciones de trabajo.

Se aplicará lo previsto en el artículo 41 del Estatuto de los Trabajadores

Artículo 50. Suspensión.

Las causas de suspensión serán las previstas en el artículo 45 del Estatuto de los Trabajadores y se aplicarán las normas que se prevén en los artículos 45 a 48 de dicha ley, sin perjuicio de las particularidades que se deriven del ejercicio del trabajo sexual y su regulación.

Sección 2ª Extinción

Artículo 51. Extinción del contrato.

La extinción del contrato será por las causas previstas en el artículo 49 del Estatuto de los Trabajadores y las demás de esta ley orgánica, atendiendo en todos los casos a las especialidades previstas en esta Sección.

Artículo 52. Extinción voluntaria del contrato sin justa causa por parte de el/la trabajador/a.

1. El/La trabajador/a podrá extinguir el contrato de trabajo en cualquier momento sin alegar justa causa.

La extinción voluntaria sin justa causa será considerada como situación legal de desempleo en los términos del artículo 267 de la Ley General de la Seguridad Social, y los/as trabajadores/as tendrán derecho a acceder a la prestación por desempleo en caso de que se cumplan el resto de requisitos previstos en el artículo 266 de dicha ley.

2. No tendrá derecho a la indemnización por despido pero sí al finiquito.

Artículo 53. Extinción voluntaria por justa causa por parte de el/la trabajador/a.

1. Serán causas justas para que el/la trabajador/a pueda solicitar la extinción del contrato las previstas en el artículo 50 del Estatuto de los Trabajadores, con las añadidas:

a. Las modificaciones sustanciales en las condiciones de trabajo llevadas a cabo sin respetar lo previsto en el artículo 41 del Estatuto de los Trabajadores y que redunden en menoscabo de la dignidad del/la trabajador/a.

b. La tentativa de la parte empresarial de extralimitarse en su poder.

c. Haber sufrido una conducta estigmatizante por parte del/ la empresario/a, de otro/a trabajador/a, o de un cliente.

d. Cualquier otro incumplimiento grave de sus obligaciones por parte del empresario, salvo los supuestos de fuerza mayor, así como la negativa del mismo a reintegrar al/la trabajador/a en sus anteriores condiciones de trabajo en los supuestos previstos en los artículos 40 y 41 del Estatuto de los Trabajadores, cuando una sentencia judicial haya declarado los mismos injustificados.

2. En tales casos, el/la trabajador/a tendrá derecho a las indemnizaciones señaladas para el despido improcedente del artículo 56 del Estatuto de los Trabajadores.

Artículo 54. Extinción del contrato por causas objetivas.

1. El contrato podrá extinguirse:

a. Por ineptitud del/la trabajador/a conocida o sobrevenida con posterioridad a su colocación efectiva en la empresa. La ineptitud existente con anterioridad al cumplimiento de un periodo de prueba no podrá alegarse con posterioridad a dicho cumplimiento.

La ineptitud en ningún caso podrá alegarse como consecuencia de la retirada de consentimiento de el/la trabajador/a, o de la negativa a realizar un tipo de prácticas sexuales o en una forma determinada.

b. Cuando concurra alguna de las causas previstas en el artículo 51.1 del Estatuto de los Trabajadores y la extinción afecte a un número inferior al establecido en el mismo.

2. Los/as representantes de los/as trabajadores/as tendrán prioridad de permanencia en la empresa en el supuesto al que se refiere este apartado.

Artículo 55. Despido disciplinario.

El contrato de trabajo podrá extinguirse por decisión del/ la empresario/a, mediante despido basado en un incumplimiento grave y culpable del/ la trabajador/a, en los términos previstos en el artículo 54 del Estatuto de los Trabajadores.

La forma y efectos del despido se regirán por el artículo 55 del Estatuto de los Trabajadores.

Artículo 56. Despido improcedente.

Se regula según lo previsto en el artículo 56 del Estatuto de los Trabajadores.

CAPÍTULO VII. DE LOS DERECHOS DE REPRESENTACIÓN COLECTIVA Y DE REUNIÓN DE LOS/AS TRABAJADORES/AS EN LA EMPRESA

Artículo 57. Derecho de participación en la empresa, derecho de reunión, derecho a los locales y tablones de anuncios, y a la negociación colectiva.

Se le reconocen a los/as trabajadores/as sexuales los derechos de representación colectiva y de reunión previstos en el Estatuto de los Trabajadores, así como en materia de negociación colectiva y convenios colectivos previstos en el titulo III del Estatuto de los Trabajadores y la normativa dictada en su desarrollo.

CAPÍTULO VIII. INFRACCIONES Y SANCIONES

Artículo 58. Remisión a la Ley sobre Infracciones y Sanciones en el Orden Social.

1. Se aplica de manera íntegra el Real Decreto Legislativo 5/2000 de 4 de agosto, por el que se aprueba el texto refundido de la Ley sobre Infracciones y Sanciones en el Orden Social, y serán subsumibles bajo las

infracciones previstas en la misma aquellas acciones u omisiones en el ámbito del trabajo sexual realizadas por los diferentes sujetos responsables.

2. Serán introducidas en la Ley sobre Infracciones y Sanciones en el Orden Social aquellas infracciones específicas dentro del trabajo sexual derivadas de lo dispuesto por la presente ley orgánica.

Artículo 59. Infracciones específicas dentro del trabajo sexual.

1. En materia de relaciones laborales.

a. Será considerada infracción muy grave cualquier acción u omisión que tenga por objeto extralimitar las matizaciones previstas al poder de dirección y organización del empresario. Todo ello sin perjuicio de la responsabilidad en materia civil y penal que pueda derivarse.

b. Serán consideradas discriminatorias en materia de relaciones laborales aquellas decisiones y acciones u omisiones estigmatizantes, o generadoras de estigma, llevadas a cabo por el/la empresario/a, otro/a trabajador/a o un tercero contra un/a trabajador/a sexual.

2. En materia de subcontratación y cesión de trabajadores/as.

Se considera infracción muy grave de las empresas de trabajo temporal en los términos del artículo 18.3 b) e infracción muy grave de las empresas usuarios en los términos del artículo 19.3 b), formalizar contratos de puesta a disposición para la realización de trabajo sexual.

3. En materia de empleo.

Se considera infracción muy grave de la parte empresarial, de las agencias de colocación, de las entidades de formación o aquellas que asuman la organización de las acciones de formación profesional para el empleo programada por las empresas y de los beneficiarios de ayudas y subvenciones en materia de empleo y ayudas al fomento del empleo en general:

a. Solicitar datos de carácter personal en cualquier proceso de intermediación o colocación o establecer condiciones, mediante la publicidad, difusión o por cualquier otro medio, que constituyan discriminaciones para el acceso al empleo por motivos de estigma de trabajador/a sexual.

b. Solicitar datos de carácter personal en los procesos de selección o establecer condiciones, mediante la publicidad, difusión o por cualquier otro medio, que constituyan discriminaciones para el acceso al empleo por motivos de estigma de trabajador/a sexual.

Artículo 60. Sanciones.

1. Se aplicarán las sanciones previstas para cada tipo de infracción en la Ley sobre Infracciones y Sanciones en el Orden Social.

2. Se aplicará como sanción accesoria a las infracciones previstas en el apartado 2, letras a) y b) de este artículo, la prohibición de que la parte empresarial sea titular de un negocio en la industria del sexo o desempeñe cualquier otro puesto de dirección u organización, formal o de hecho, dentro de la industria del sexo.

CAPÍTULO IX. INSPECCIÓN Y JURISDICCIÓN COMPETENTE

Artículo 61. Comprobación de infracciones.

La competencia para la comprobación de infracciones en el orden social y las previstas en esta ley orgánica le corresponde a la Inspección de Trabajo y Seguridad Social, que derivará las responsabilidades oportunas a las autoridades según proceda.

Artículo 62. Jurisdicción competente.

Es competente la Jurisdicción de lo Social para el conocimiento de las cuestiones derivadas de los incumplimientos de la presente ley en el orden social, sin perjuicio de la competencia de los juzgados de lo Penal, Civil y Contencioso-Administrativo en aquellos casos en que haya responsabilidad de dichos órdenes.

TÍTULO III. TRABAJADORES/AS SEXUALES AUTÓNOMOS/AS

CAPÍTULO I DISPOSICIONES GENERALES

Artículo 63. Ámbito de aplicación.

1. El ámbito de aplicación subjetivo es el previsto en el artículo 6 del título I de la presente ley orgánica.

A los/as trabajadores/as sexuales autónomos/a que reúnan los requisitos previstos en la Ley del Estatuto del Trabajo Autónomo para ser considerados/as trabajadores/as autónomos/as económicamente dependientes les será de aplicación el capítulo III, del título II de la ley citada, con las particularidades que se deriven de la presente ley orgánica.

2. El ámbito de aplicación objetivo es el previsto en el artículo 9 del título I de esta ley.

Artículo 64. Legislación aplicable.

1. Al trabajo sexual autónomo se le aplican el títulos I y la sección 2.ª, del capítulo I, del título II, así como el resto de disposiciones de esta ley cuando expresamente se prevea.

2. Se le aplicarán las disposiciones previstas en el artículo 3 del Estatuto del Trabajo Autónomo, siempre que sea compatible con lo previsto en esta ley.

Artículo 65. CNAE.

Mantenimiento de los servicios sexuales bajo el código 96.99, "Otros servicios personales n.c.o.p.", en la mención a la "prestación o concertación de servicios sexuales", tal y como ya existe en la actualidad..

Artículo 66. Publicidad lícita.

1. Se considerará publicidad lícita aquella que utilicen las personas trabajadoras sexuales para ofertar sus servicios, con la limitación de que no podrá ir dirigida a menores de 18 años.

2. La normativa contenida en la Ley de Libertad Sexual y en la "Ley Orgánica para la igualdad efectiva de mujeres y hombres" relativa a la publicidad, así como la que pueda aprobarse en el futuro en relación a la misma materia, no podrá aplicarse ni interpretarse en relación a la publicidad del trabajo sexual menoscabando o con el objeto de menoscabar el derecho a la libre expresión y a la libertad de empresa de las personas trabajadoras.

CAPÍTULO II RÉGIMEN PROFESIONAL COMÚN
Sección 1ª Derechos, deberes y disposiciones aplicables a título individual

Artículo 67. Derechos y deberes profesionales.

1. El/la trabajador/a sexual autónomo/a tiene los derechos previstos en esta ley orgánica que le sean aplicables y los derechos previstos en el artículo 4 de la Ley del Estatuto del Trabajo Autónomo.

2. El/La trabajador/a sexual autónomo/a tiene los mismos deberes profesionales básicos que el resto previstos en el artículo 5 de la Ley del Estatuto del Trabajo Autónomo, con las especialidades que se deriven de esta ley.

3. Tiene derecho a la no discriminación y garantía de los derechos fundamentales y libertades públicas en los términos del artículo 6 de la Ley del Estatuto del Trabajo Autónomo.

Artículo 68. Contrato.

1. Los contratos que concierten los/as trabajadores/as sexuales independientes o autónomos/as de ejecución de su actividad profesional podrán celebrarse por escrito o de palabra.

2. El contrato podrá ser para la prestación de uno o más servicios y tendrá la duración que las partes acuerden.

3. Es el/la trabajador/a quien tiene potestad de decidir los servicios que oferta y presta, pudiendo retirar el consentimiento en cualquier momento previo al desarrollo de la prestación o durante el mismo.

4. Este artículo ha de interpretarse de acuerdo a la sección 2.ª "Clientes", del capítulo I, del título II de esta ley orgánica.

Artículo 69. Garantías económicas y pago por adelantado.

1. Los/as trabajadores/as sexuales autónomas tendrán las mismas garantías y responsabilidades previstas en el artículo 10 del Estatuto del Trabajo Autónomo, sin perjuicio de las particularidades derivadas de la sección "Clientes" de esta ley orgánica.

2. Serán de aplicación al trabajo sexual autónomo las disposiciones del artículo 22 esta ley, de manera que el pago de la prestación será satisfecho con carácter previo a la ejecución del servicio.

El pago por adelantado no da derecho al disfrute del servicio sexual cuando el/la trabajador/a retire el consentimiento.

Sección 2ª Derechos colectivos

Artículo 70. Derechos colectivos básicos.

Los/as trabajadores/as sexuales autónomos/as tienen los derechos colectivos previstos en el artículo 19 de la Ley del Estatuto del Trabajo Autónomo.

Artículo 71. Derecho de asociación profesional de los/as trabajadores/as autónomos/as.

Se aplica el artículo 20 de la Ley del Estatuto del Trabajo Autónomo a las asociaciones profesionales de trabajadores/as sexuales autónomos/as. La determinación de la representatividad se regirá por el artículo 21 de dicha ley.

TÍTULO IV. COOPERATIVAS DE TRABAJO ASOCIADO
CAPÍTULO I DISPOSICIONES GENERALES

Artículo 72. Cooperativa de trabajo asociado para el ejercicio del trabajo sexual.

1. Se reconoce como una de las modalidades en las que puede organizarse la prestación de servicios sexuales.

2. La cooperativa es la sociedad constituida por personas que se asocian, en régimen de libre adhesión y baja voluntaria, para la realización de actividades empresariales, en este caso relativas

a la prestación de servicios sexuales, encaminadas a satisfacer sus necesidades y aspiraciones económicas y sociales, con estructura y funcionamiento democrático, conforme a los principios formulados por la Alianza Cooperativa Internacional, en los términos resultantes de la presente Ley.

3. Se les aplica el título I. "Disposiciones generales" de la presente ley, así como el resto de preceptos que expresamente se prevean.

Artículo 73. Objeto.

Proporcionar a sus socios/as puestos de trabajo, dentro del trabajo sexual, mediante su esfuerzo personal y directo, a tiempo parcial o completo, a través de la organización en común de la producción de bienes o servicios para terceros.

Artículo 74. Normativa aplicable.

Se aplicarán los artículos de la Ley 27/1999 de 16 de julio de Cooperativas dedicados a la modalidad de trabajo asociado, así como las normas autonómicas de aquellas comunidades autónomas que hayan desarrollado la ley de Cooperativas.

Artículo 75. Prevención frente a posibles formas de explotación sexual.

En el momento en que los/as integrantes de la sociedad cooperativa de trabajo asociado acudan al Registro de Sociedades Cooperativas a inscribir la escritura pública de constitución, el personal actuante deberá informarles a cerca de la figura del proxeneta y su tipificación en el Código Penal con el objetivo de informar ante posibles fraudes o engaños en el seno de la cooperativa.

CAPÍTULO II SOCIO/AS TRABAJADORE/AS

Artículo 76. Capacidad para ser socios/as trabajadores/as.

1. Podrán ser socios/as trabajadores/as quienes sean mayores de 18 años y tengan capacidad para contratar la prestación de su trabajo. Se les aplican las exclusiones de los artículos 12 y 14 de la presente ley orgánica, así como las disposiciones relativas a la capacidad para contratar del artículo 27, y la prohibición del artículo 28.

2. En el ejercicio de su actividad como socios/as trabajadores/as sexuales les será de aplicación las normas de protección que se establecen en esta ley para el colectivo de trabajadores/as sexuales.

Artículo 77. Sucesión de empresas, contratas y concesiones.

1. Cuando una cooperativa se subrogue en los derechos y obligaciones laborales del anterior titular, los/as trabajadores/as afectados/as por esta subrogación podrán incorporarse como socio/ as trabajadores/as en las condiciones establecidas en el artículo 80.8 de la Ley de Cooperativas siempre que la actividad desarrollada por la cooperativa sea el trabajo sexual, y si llevaran, al menos, dos años en la empresa anterior, no se les podrá exigir el período de prueba.

2. Una cooperativa de trabajo asociado cuya actividad sea el trabajo sexual no podrá cesar en una contrata de servicios o concesión administrativa.

3. El planteamiento de cualquier demanda por parte de un/a socio/a en las cuestiones a que se refiere el anterior apartado 1 exigirá el agotamiento de la vía cooperativa previa, durante la cual quedará en suspenso el cómputo de plazos de prescripción o caducidad para el ejercicio de acciones o de afirmación de derechos.

TÍTULO V. SEGURIDAD SOCIAL
CAPÍTULO I ENCUADRAMIENTO E INSCRIPCIÓN DE EMPRESAS

Artículo 78. Encuadramiento dentro del Sistema Especial de Trabajo Sexual por cuenta ajena.

1. Quedan comprendidos/as en este Sistema Especial los/as trabajadores/as sujeto/as a la relación laboral especial del trabajo sexual y los/as empresarios/as para los/as que presten servicios.

Este sistema especial se encuentra integrado en el Régimen General de la Seguridad Social.

2. Están comprendidos/as los/as socios/as trabajadores/as de cooperativas de trabajo asociado cuya actividad sea el trabajo sexual.

Artículo 79. Inscripción de empresas y afiliación, altas, bajas y variaciones de datos de trabajadores/as sexuales.

Es de aplicación el Real Decreto 84/1996, de 26 de enero, por el que se aprueba el Reglamento General sobre inscripción de empresas y afiliación, altas, bajas y variaciones de datos de trabajadores en la Seguridad Social, con las particularidades que pueda establecerse en las normas de desarrollo y aplicación de la presente ley orgánica.

CAPÍTULO II ACCIÓN PROTECTORA Y ESPECIALIDADES

Artículo 80. Acción protectora.

1. El concepto de las contingencias protegidas en este Sistema Especial de Trabajo Sexual será el que se fije respecto a cada una de ellas en el Régimen General de la Seguridad Social. En todo caso las personas integradas en este Sistema Especial tienen derecho a:
   a. Prestaciones sanitarias.
   b. Incapacidad temporal.
   c. Riesgo durante el embarazo.
   d. Riesgo durante la lactancia.
   e. Nacimiento y cuidado del menor.
   f. Cuidado de menores afectados por cáncer u otra enfermedad grave.
   g. Prestaciones por incapacidad permanente.
   h. Lesiones permanentes no invalidantes.

i. Jubilación.

j. Prestaciones de muerte y supervivencia.

k. Prestaciones familiares.

l. Prestaciones extraordinarias por actos de terrorismo.

m. Prestaciones por desempleo.

2. Las prestaciones y demás beneficios que comprende la acción protectora de este Sistema Especial serán los mismos que los del Régimen General y se aplicarán con la misma extensión, forma, términos y condiciones que en aquél, sin otras particularidades que las que resulten de lo dispuesto en la presente ley o en sus normas de aplicación y desarrollo.

Artículo 81. Desempleo.

Se reconoce el derecho a las prestaciones por desempleo a los/as trabajadores/as sexuales en los términos de las normas laborales y de Seguridad Social, con la especialidad prevista de que el/la trabajador/a podrá extinguir el contrato de trabajo en cualquier momento sin alegar justa causa.

La extinción voluntaria sin justa causa será considerada como situación legal de desempleo en los términos del artículo 267 de la Ley General de la Seguridad Social, y los/as trabajadores/as tendrán derecho a acceder a la prestación por desempleo en caso de que se cumplan el resto de requisitos previstos en el artículo 266 de dicha ley.

Artículo 82. Jubilación.

1. La edad mínima de 65 años exigida para tener derecho a la pensión de jubilación, se rebajará en un período equivalente al que resulte de aplicar al periodo de tiempo efectivamente trabajado en cada una de las categorías y especialidades profesionales de la industria del sexo, los siguientes coeficientes:

- Trabajadores/as sexuales: cero coma cincuenta (0,50) a lo/as trabajadores/as sexuales.

- Trabajadores/as que desempeñen trabajos de limpieza, vigilancia y seguridad, y camarero/as: cero coma cero diez (0,10).

- Al resto de trabajadores/as de la industria del sexo: cero coma cero cinco (0,05).

2. Para el cómputo del tiempo efectivamente trabajado a efectos de lo dispuesto en el apartado 1, se descontarán todas las faltas al trabajo, sin otras excepciones que las siguientes:

a. Las que tengan por motivo la incapacidad temporal por enfermedad, común o profesional, y accidente, sea o no de trabajo.

b. Aquellas otras en las que el/la trabajador/a tenga derecho a retribución.

3. El periodo de tiempo en que resulte rebajada la edad de jubilación del/la trabajador/a, de conformidad con lo establecido en el apartado anterior, se computará como cotizado al exclusivo efecto de determinar el porcentaje aplicable para calcular el importe de la pensión de jubilación a que tenga derecho el/la trabajador/a.

4. Tanto la reducción de edad como su cómputo a efectos de cotización, regulados en los apartados anteriores del presente artículo, serán de aplicación a la jubilación de trabajadores/as sexuales autónomos encuadrados en el Régimen Especial de lo/s Trabajadora/es Autónoma/os que hayan estado comprendidos en el epígrafe del Clasificación Nacional de Actividades Económicas relativo al trabajo sexual.

5. Cuando la jubilación afecte a trabajadores/as que se encuentren comprendidos simultáneamente en el campo de aplicación de este sistema especial y en el de algún otro del sistema de la Seguridad Social, se aplicará lo dispuesto en el apartado anterior, exclusivamente, en lo que se refiere a la reducción de edad.

CAPÍTULO III COTIZACIÓN Y LIQUIDACIÓN

Artículo 83. Categoría profesional y grupo de cotización.

En principio existirá una única categoría profesional dentro del trabajo sexual denominada Trabajador/a Sexual y un solo grupo de cotización.

Artículo 84. Cotización y Liquidación.

Para la cotización y liquidación en el caso del trabajo sexual por cuenta ajena existirán dos posibilidades en función del sistema salarial que tenga cada trabajador/a.

a. En caso de que la forma de retribución sea con salario mensual fijo la cotización y liquidación se regirá por las normas aplicables al Régimen General de la Seguridad Social, incluyendo lo relativo a las bases máximas y mínimas de cotización.

b. Cuando la forma de retribución sea en función de los servicios sexuales efectivos prestados se seguirá por las normas del artículo siguiente.

Artículo 85. Cotización y liquidación cuando la forma de retribución sea por servicios efectivamente prestados.

1. Las bases mínimas y máximas, y la cotización y liquidación de los derechos de la Seguridad Social del colectivo de trabajadores/as sexuales, se regirán por las normas previstas en el Real Decreto 2064/1995 de 22 de diciembre, por el que se aprueba el Reglamento General sobre Cotización y Liquidación de otros Derechos de la Seguridad Social para el Régimen General, con las siguientes particularidades:

    a. La base de cotización para las contingencias comunes no podrá ser superior a las bases máximas a que se refiere el apartado 1 del artículo 26, de acuerdo con la asimilación de categorías profesionales que se efectúa en el apartado siguiente de este artículo.

    b. La base mínima de cotización en cada ejercicio para contingencias comunes y desempleo será la correspondiente al grupo de cotización de la categoría profesional única, que no podrá ser inferior a la mínima establecida para el Régimen Especial de Trabajadores por Cuenta Propia o Autónomos, en cuyo caso se aplicará esta última.

    c. Para las contingencias de accidentes de trabajo y enfermedades profesionales y para las de los conceptos de recaudación conjunta, las bases de cotización no podrán ser superiores ni inferiores, respectivamente, a los topes máximo y mínimo a que se refieren los apartados 1 y 2 del artículo 9.

2. A efectos de cotización por contingencias comunes, quedan incluidas en los grupos de cotización del Régimen General de la Seguridad Social que se determinan, entre los establecidos en el artículo 26.2 del Reglamento de Cotización y Liquidación de otros Derechos de la Seguridad Social, la categoría profesional de trabajadores/as sexuales como grupo de cotización 3 (equivalente en el Sistema Especial de Artistas a "actores, cantantes líricos y de música ligera, caricatos, animadores de salas de fiesta, bailarines, músicos y artistas de circo, variedades y folclore").

3. El Ministerio de Inclusión, Seguridad Social y Migraciones adaptará las cuantías de las bases mínimas determinadas en la forma que se indica en el apartado 4 del artículo 9 del Reglamento de Cotización y Liquidación de otros Derechos de la Seguridad Social, en función de días y horas, para aquellos contratos en que esté establecida expresamente por disposición legal la cotización en relación con tales circunstancias.

4. No obstante lo dispuesto en los números anteriores, el tope máximo de las bases de cotización para todas las contingencias y situaciones amparadas por la acción protectora del Régimen General, incluidas las de accidentes de trabajo y enfermedades profesionales y para las de los conceptos de recaudación conjunta, en razón de las actividades realizadas por un/a trabajador/a de este colectivo para una misma o varias empresas, tendrá carácter anual y quedará integrado, para las contingencias comunes, por la suma de las bases mensuales máximas correspondientes al grupo de cotización único, y, para accidentes de trabajo y enfermedades profesionales y demás conceptos de recaudación conjunta, por el límite máximo absoluto vigente en cada momento.

5. Para determinar la base de cotización correspondiente a lo/as trabajadores/as de cada empresa, se seguirá el siguiente procedimiento:

a. Las empresas comunicarán a la Tesorería General de la Seguridad Social los salarios efectivamente abonados a cada trabajador/a sexual en el mes natural a que se refiera la cotización.

b. No obstante lo indicado en el párrafo anterior, las empresas cotizarán mensualmente por todas las contingencias, en función de las retribuciones percibidas por cada día que el/la trabajador/a haya ejercido su actividad por cuenta de aquéllas, sobre las bases fijadas en cada ejercicio económico, con aplicación del tope máximo mensual de cotización tanto para contingencias comunes como para contingencias profesionales.

Si el salario realmente percibido por el/la trabajador/a, en cómputo diario, fuese inferior a las cantidades a que se refiere el párrafo anterior, se cotizará por aquél. En ningún caso, para la cotización por contingencias comunes, podrá tomarse como base de cotización una cantidad menor al importe diario de la base mínima de cotización a que se refiere la letra b) del apartado 1. Por las contingencias de accidentes de trabajo y enfermedades profesionales y demás conceptos de recaudación conjunta, la base de cotización no podrá ser inferior a los topes mínimos absolutos indicados en el apartado 2 del artículo 9 del Reglamento de Cotización y Liquidación de otros Derechos de la Seguridad Social.

Dichas liquidaciones mensuales tendrán el carácter de provisionales para los trabajadores respecto de las contingencias comunes y desempleo.

c. Al finalizar el ejercicio económico de que se trate, la Tesorería General de la Seguridad Social, conforme a lo señalado en el apartado 4 de este artículo y teniendo en cuenta las retribuciones comunicadas así como las bases cotizadas, efectuará la liquidación definitiva correspondiente a los/as trabajadores/as para contingencias comunes y desempleo, con aplicación del tipo general establecido para estas contingencias, tanto el correspondiente a la aportación empresarial como a la de los/as trabajadores/as, procediendo, en su caso, a la reclamación a estos/as últimos/as del importe de la liquidación definitiva para que ingresen las diferencias de cuotas en el plazo reglamentario del mes siguiente a su notificación. No obstante, la Tesorería General de la Seguridad Social podrá autorizar a los/as trabajadores/as que lo soliciten dentro de dicho mes a efectuar tal ingreso por períodos mensuales diferidos en uno o más meses naturales hasta el máximo de seis, como plazos reglamentarios de pago.

Una vez recibida la liquidación definitiva por el/la trabajador/a, este/a podrá optar, dentro del mes siguiente a la notificación de la liquidación, por abonar su importe o porque la regularización se efectúe en función de las bases efectivamente cotizadas. Si no efectuase comunicación alguna en dicho plazo, se entenderá que opta por esta última, procediendo la Tesorería General de la Seguridad Social a efectuar la nueva regularización, dejando sin efecto la primera.

En el supuesto de que, practicada por la Tesorería General de la Seguridad Social la liquidación de cuotas definitiva a los/as trabajadores/as sexuales, se hubiera producido un exceso de cotización en el ejercicio económico, se procederá, por indebidas, a la devolución, de oficio o a instancia de parte, de las cantidades ingresadas de más por parte de dichos/as trabajadores/as, conforme a lo establecido en los artículos 23 del texto refundido de la Ley General de la Seguridad Social, 44 y 45 del Reglamento General de Recaudación de la Seguridad Social, y demás disposiciones complementarias.

6. La cotización por las contingencias de accidentes de trabajo y enfermedades profesionales se efectuará aplicando el tipo de cotización que corresponda de la tarifa de primas vigente.

Artículo 86. Tipos de cotización.

1. Los tipos de cotización para este Sistema Especial serán los fijados en el Régimen General de la Seguridad Social.

2. Dicho tipo de cotización se distribuirá entre empresarios y trabajadores/as, para determinar sus correspondientes aportaciones, en igual proporción a la establecida con carácter general en dicho Régimen.

3. La distribución del tipo de cotización para la cobertura de las distintas contingencias y situaciones será la misma que el Ministerio de Trabajo establezca en el Régimen General.

4. Los porcentajes para la determinación de las primas de la cotización a accidentes de trabajo y enfermedades profesionales serán los establecidos en la tarifa aplicable para todo el Régimen General.

DISPOSICIONES ADICIONALES.

Disposición adicional primera. Evaluaciones de Impacto.

Una vez entre en vigor la norma deberá realizarse una Evaluación de Impacto de la misma. Además de los objetivos que puedan establecerse posteriormente, será necesario que se evalúe expresamente:

a. La relación de esta ley con la situación de los derechos humanos de las personas dedicadas al trabajo sexual.

b. La relación de esta ley con la posible, o no, mejora de las condiciones sociales y laborales y condiciones de trabajo y de salud laboral.

c. La relación de esta ley con la posible mejora, o no, del derecho a la salud de las personas dedicadas al trabajo sexual.

d. La relación de esta ley con la posible mejora, o no, de los problemas de Salud Pública.

e. La relación de esta ley con la lucha contra la trata de seres humanos.

Disposición adicional segunda. Exigencia de responsabilidad por infracciones y sanciones en el orden social.

La responsabilidad por las infracciones en el orden social derivadas de la presente ley orgánica y de la aplicación de la Ley sobre Infracciones y Sanciones en el Orden Social se exigirán desde el momento de su entrada en vigor.

DISPOSICIONES TRANSITORIAS.

Disposición transitoria primera. Contratos en vigor.

1. Los empleadores dispondrán de seis meses para formalizar por escrito los contratos de trabajo vigentes que, como consecuencia de la nueva regulación, deban celebrarse por escrito.

2. Lo dispuesto en la presenta ley orgánica será de aplicación a los contratos vigentes a la fecha de entrada en vigor del mismo.

Disposición transitoria segunda. Condición más beneficiosa.

Lo establecido en esta ley orgánica no afectará a las condiciones más beneficiosas existentes en el momento de su entrada en vigor, sin perjuicio de lo establecido en materia de compensación y absorción de salarios en los artículos 26.5 y 27.1 del Estatuto de los Trabajadores.

DISPOSICIONES DEROGATORIAS.

Disposición derogatoria primera. Código Penal.

Se derogan el párrafo segundo del apartado 1 del artículo 187 del Código Penal, quedando dicho apartado redactado de la siguiente manera:

1. El que, empleando violencia, intimidación o engaño, o abusando de una situación de superioridad o de necesidad o vulnerabilidad de la víctima, determine a una persona mayor de edad a ejercer o a mantenerse en la prostitución, será castigado con las penas de prisión de dos a cinco años y multa de doce a veinticuatro meses.

2. Se impondrán las penas previstas en los apartados anteriores en su mitad superior, en sus respectivos casos, cuando concurra alguna de las siguientes circunstancias:

a. Cuando el culpable se hubiera prevalido de su condición de autoridad, agente de ésta o funcionario público. En este caso se aplicará, además, la pena de inhabilitación absoluta de seis a doce años.

b. Cuando el culpable perteneciere a una organización o grupo criminal que se dedicare a la realización de tales actividades.

c. Cuando el culpable hubiere puesto en peligro, de forma dolosa o por imprudencia grave, la vida o salud de la víctima.

3. Las penas señaladas se impondrán en sus respectivos casos sin perjuicio de las que correspondan por las agresiones o abusos sexuales cometidos sobre la persona prostituida".

Disposición derogatoria segunda. Ley Orgánica de Protección de la Seguridad Ciudadana.

Se deroga la normativa administrativa que castiga la prostitución, constituida fundamentalmente por los apartados 5, 6 y 11 del artículo 36 de la Ley Orgánica de Protección de la Seguridad Ciudadana.

Disposición derogatoria tercera. Publicidad.

1. Se deroga la última parte del apartado 1 del artículo 11 de la Ley Orgánica 10/2022 de 6 de septiembre, de garantía integral de la libertad sexual, quedando redactado de la siguiente manera:

"artículo 11. Prevención y sensibilización en el ámbito publicitario.

1. Se considerará ilícita la publicidad que utilice estereotipos de género que fomenten o normalicen las violencias sexuales contra las mujeres, niñas, niños y adolescentes".

2. Se deroga el último inciso del párrafo segundo de la letra a) del artículo 3.1 de la Ley General de Publicidad, quedando así redactado:

"[…] Asimismo, se entenderá incluida en la previsión anterior cualquier forma de publicidad que coadyuve a generar violencia o discriminación en cualquiera de sus manifestaciones sobre las personas menores de edad, o fomente estereotipos de carácter sexista, racista, estético o de carácter homofóbico o transfóbico o por razones de discapacidad. […]".

Disposición derogatoria cuarta. Normativa general.

Se deroga aquella normativa estatal, autonómica y municipal de rango inferior a ley orgánica que sea contraria a la compraventa de servicios sexuales en los términos previstos en este texto.

Aludir al caso concreto de las/los trabajadora/es sexuales de calle.

Las demandas son fundamentalmente:

- La derogación de la normativa administrativa estatal y local que penaliza, multa y persigue la compraventa de servicios sexuales fuera de los establecimientos privados (comprendida fundamentalmente en las disposiciones derogatorias).
- Reconocer a la/os trabajadora/es sexuales de calle poder de negociación en materia de elección de las zonas. Esto es, que las personas que ejercen el trabajo sexual en la calle sean escuchadas y tenidas en cuenta en la toma de decisiones sobre las zonas de ejercicio del trabajo sexual.

EPÍLOGO

Dame Catherine Healy,
Colectivo de Prostitutas de Nueva Zelanda (NZPC[171])

Este trabajo recoge un análisis riguroso y revelador que detalla el camino necesario para mejorar la vida de muchas personas afectadas, directa e indirectamente, por el actual marco legal y las políticas asociadas que pesan sobre las trabajadoras sexuales en España. Vivo en Nueva Zelanda, una nación insular en el Pacífico con una población de cinco millones de personas y con características geopolíticas diferentes a las de España, sin embargo los argumentos expuestos en este trabajo sobre la despenalización del trabajo sexual me resultan familiares.

En 2003, nuestro parlamento, por mayoría de un solo voto y tras un intenso debate, aprobó la Ley de Reforma de la Prostitución 2003[172] (PRA 2003, por sus siglas en inglés). La Sección 3 de dicha ley expone los propósitos de la legislación, que son despenalizar el trabajo sexual, crear un marco que salvaguarde los derechos humanos de las trabajadoras sexuales, las proteja de la explotación y promueva su bienestar, salud y seguridad laboral, y favorecer la salud pública.

He sido testigo directo de los efectos de la criminalización en Nueva Zelanda y a nivel internacional, y del daño que causa en muchas esferas de la vida de una trabajadora sexual. Afortunadamente, la gran mayoría de esos

---

171. El New Zealand Prostitutes' Collective (NZPC) es una organización fundada en 1987 y dirigida por trabajadoras sexuales en Nueva Zelanda. Su labor se centra en la defensa de los derechos laborales y humanos de las personas que ejercen el trabajo sexual, así como en la reducción de daños vinculados a la salud sexual y la prevención del VIH. El NZPC desempeñó un papel clave en la aprobación de la PRA en 2003, que despenalizó el trabajo sexual en el país. https://www.nzpc.org.nz/

172. Prostitution Reform Act 2003: https://www.legislation.govt.nz/act/public/2003/0028/latest/DLM197815.html

recuerdos, al menos en el contexto neozelandés, están siendo reemplazados por el conocimiento actual de los numerosos impactos positivos que ha tenido la despenalización de las actividades relacionadas con el trabajo sexual.

La PRA 2003 derogó la legislación que prohibía la oferta de servicios sexuales, el mantenimiento de burdeles, el proxenetismo y el vivir de los ingresos derivados de la prostitución. Al mismo tiempo, introdujo una legislación que permite a las trabajadoras sexuales buscar reparación legal frente a situaciones de explotación, sin temor a ser ellas las arrestadas. En otras palabras, la PRA establece que las trabajadoras sexuales tienen libertad para ejercer su trabajo con la tranquilidad de saber que la policía no puede detenerlas por encontrarse con clientes en lugares públicos o privados, interiores o exteriores. Ahora pueden ser contratadas y tener un gerente u otra persona que las ayude a gestionar su trabajo, o bien pueden gestionarlo de manera autónoma como trabajadoras independientes. También pueden asociarse entre sí y trabajar de forma colectiva, manteniendo el control sobre su propio trabajo sexual, compartiendo recursos y estrategias de seguridad.

En la PRA 2003 se estableció que el gobierno estaba obligado a realizar una revisión oficial de la nueva legislación cinco años después de su implementación, lo que hizo el Comité de Revisión de la Ley de Prostitución en 2008. Este comité estuvo compuesto por una gran variedad de personas, desde representantes de trabajadoras sexuales del Colectivo de Trabajadoras Sexuales de Aotearoa/Nueva Zelanda (NZPC), hasta operadores de burdeles, organizaciones no gubernamentales de base religiosa —incluida una monja católica—, académicas y académicos en Salud Pública y profesionales de la medicina, y estuvo presidido por un exComisionado[173] de Policía. Las opiniones y experiencias en relación con las trabajadoras sexuales fueron diversas, pero el Comité coincidió en que la gran mayoría de las personas involucradas en la industria del sexo estaban en una mejor situación con la despenalización, a pesar de seguir siendo vulnerables a prácticas laborales explotadoras.

Fue en este contexto que el gobierno neozelandés pudo colaborar con el NZPC y ser asesorado desde una mayor confianza y menor lejanía. Las re-

---

173. Cargo correspondiente a un alto funcionario de la policía o del gobierno. En este caso su equivalente castellano sería comisario de policía de alto nivel en la escala jerárquica. [N. del E.]

laciones con las agencias gubernamentales, como los servicios de asistencia social o la policía, mejoraron significativamente, y se han logrado grandes avances en los derechos de las trabajadoras sexuales en el sistema judicial.

El reconocimiento del trabajo sexual como trabajo no ha erosionado el derecho de las trabajadoras sexuales a decir "no" a la prestación de cualquier actividad sexual comercial.

La PRA exige que las trabajadoras sexuales, así como los clientes y las personas que gestionan los burdeles, tomen todas las medidas razonables para practicar sexo seguro, mediante el uso de preservativos y barreras de látex. El incumplimiento puede dar lugar a comparecencias ante un juez, condenas y multas. No obstante, con razón, el NZPC se opone a esta última cláusula de la ley por considerar que no sirve a la salud pública, ya que empuja a la clandestinidad a quienes no cumplen con la norma, desincentiva a las personas a buscar apoyo y discrimina duramente a quienes participan en actividades sexuales comerciales.

A pesar de ello, las trabajadoras sexuales han utilizado esta ley y otras disposiciones legales, como base para elevar los estándares y sentar precedentes en el reconocimiento de sus derechos. De hecho, han sido ellas quienes, al presentarse ante los jueces, han desafiado prácticas coercitivas, lo que ha contribuido a ampliar la definición de agresión sexual no solo en el contexto del trabajo sexual, sino también en términos generales. En uno de estos casos, una trabajadora sexual que había aceptado realizar sexo oral insistió en el uso de barreras de látex protectoras, el cliente ignoró su solicitud y fue condenado por agresión sexual. Además, clientes que retiraron intencionadamente el preservativo durante el acto sexual han sido condenados por violación. En cada uno de estos casos, la trabajadora sexual había consentido sexo con preservativo, y los tribunales determinaron que, al retirarse el preservativo sin consentimiento, también se anulaba el consentimiento sexual, por lo que se consideró una violación. Paradójicamente, los tribunales no basaron sus fallos en la obligación legal de usar profilácticos establecida en la PRA; de hecho, se considera que esa sección de la ley resta gravedad a dichos delitos.

Casos de acoso sexual, denunciados por trabajadoras sexuales contra propietarios de negocios del sector y tramitados ante el Tribunal de Derechos Humanos, han dado lugar a acuerdos entre las partes, alcanzados mediante mediación o resueltos con sentencias judiciales. Disputas por dinero entre una trabajadora sexual, por un lado, y el operador del burdel o los clientes, por el otro, han sido resueltas en el Tribunal de Disputas, un tribunal para demandas menores.

La PRA no establece normas de zonificación, pero otorga a las autoridades locales el poder de redactar ordenanzas para determinar la ubicación de los burdeles. La mayoría de los municipios con mayor presencia de trabajadoras sexuales lo hicieron, y plantearon dificultades —para quienes ejercen desde casa y para algunos locales de trabajo sexual— al imponer restricciones que fueron impugnadas y, en su mayoría, anuladas por los tribunales por ser "irrazonables", *ultra vires*[174], y contrarias a los objetivos de la PRA. Hoy en día, la mayoría de los gobiernos locales han derogado esas ordenanzas o las han modificado, adoptando una postura mucho más inclusiva tanto para el trabajo sexual a domicilio como para los locales, incluidos los burdeles. Nuestra ciudad más grande intentó introducir una normativa de zonificación presentándola a través de una iniciativa parlamentaria, pero su intento fue desestimado y rechazado por el propio parlamento.

El trabajo sexual en la calle está permitido en todo el país, aunque el número de trabajadoras sexuales callejeras ha ido disminuyendo, ya que ahora pueden trabajar en línea, en interiores o desde sus propios hogares.

Hay muchos otros efectos positivos de la ley, que refuerzan los derechos, la seguridad, la salud y el bienestar de las trabajadoras sexuales. Sin embargo, es importante mencionar las limitaciones de la PRA. El NZPC había abogado por la inclusión de las personas trabajadoras sexuales migrantes, pero lamentablemente, a las personas que tienen la intención de venir a Nueva Zelanda para ejercer el trabajo sexual se les niega este derecho, y aquellas que se encuentran trabajando como tal corren el riesgo de ser deportadas si tienen visados temporales —de estudiante, trabajo, pareja o vacaciones en el trabajo. Al llevar nuestro caso ante el Comité para la Eliminación de la Discriminación contra la Mujer[175], este instruyó a nues-

---

174. Principio jurídico que considera nulos los actos de las entidades públicas o privadas que rebasan el límite de la ley, y cuyo objetivo es prevenir que una autoridad administrativa o entidad de derecho privado o público actúe más allá de su competencia o autoridad. RAE. [N. del E.]

175. El Comité para la Eliminación de la Discriminación contra la Mujer (CEDAW) es el órgano de expertos independientes que supervisa la aplicación de la Convención sobre la Eliminación de Todas las Formas de Discriminación contra la Mujer adoptada por las Naciones Unidas en 1979. [N. del E.]

tro gobierno a enmendar dicha sección para permitir que las trabajadoras sexuales migrantes trabajen legalmente y estén amparadas por las protecciones que ofrece la PRA.

Nueva Zelanda no tiene leyes que prohíban la discriminación por motivo de ocupación, oficio o profesión. Las trabajadoras sexuales denuncian ser activamente discriminadas por bancos, propietarios y arrendadores de vivienda, y entidades empleadoras ajenas al trabajo sexual, a diferencia de algunos estados y territorios en Australia. Por eso, nos gustaría lograr una protección contra la discriminación que mencione explícitamente a las trabajadoras sexuales y se integre claramente en nuestra legislación sobre derechos humanos.

También hay demandas por parte del sector que plantean abordar limitaciones en el derecho contractual debido al desequilibrio de poder entre quienes dirigen los negocios y las trabajadoras sexuales. Todas las trabajadoras sexuales en Nueva Zelanda son, formalmente, trabajadoras autónomas, y prefieren seguir siéndolo para mantener su independencia, pero también desean tener derecho a negociar colectivamente y una mayor participación en la definición de las condiciones de su trabajo. Como trabajadora sexual individual, sin el respaldo colectivo, puede ser difícil negociar las mejora de las condiciones, y en ocasiones, el dueño del negocio puede tener más poder.

En algunos momentos se ha intentado confundir la trata con el trabajo sexual, y si bien ha habido casos de jóvenes menores de 18 años que son víctimas de trata, existe un amplio consenso en que la despenalización ofrece un mejor marco para abordar la trata y los problemas relacionados con ella.

Pese a que se han intentado revertir los logros conseguidos con la despenalización e imponer a través de procesos políticos el modelo sueco/nórdico, afortunadamente estos intentos no han tenido éxito.

En resumen, lo vivido en Nueva Zelanda, nuestra experiencia con la legislación sobre trabajo sexual, respalda de forma abrumadora la vía de la despenalización. Aunque aún no hemos alcanzado una despenalización total, sabemos que las trabajadoras sexuales tienen, indudablemente, mejores condiciones en cuanto a sus derechos, seguridad, salud y bienestar bajo este paradigma.

BIBLIOGRAFÍA

Abel, Gillian y Armstrong, Lynzi, *Trabajo sexual con derechos. Una alternativa de despenalización*, Barcelona, Virus, 2022.

Adán, Irene y asociación CATS, "Informe 'Las prostitutas hablan de violencias: una investigación cualitativa-cuantitativa con 318 participantes'", Murcia, 2024. https://www.asociacioncats.es/download/investigacion-las-prostitutas-hablan-de-violencias/

Agustín, Laura, *Sexo y Marginalidad. Emigración, mercado de trabajo e industria del rescate*, Madrid, Editorial Popular, 2009.

—Agustin, Laura, Entrevista de María Florencia Alcaraz, "La antropóloga desnuda: Laura Agustín reflexiona sobre la prostitución, las migraciones y la industria del rescate", *El Cohete a la Luna*, 15 de marzo de 2020. https://www.elcohetealaluna.com/la-antropologa-desnuda/

Armstrong, Lynzi, "Screening clients in a decriminalised street-based sex industry. Insights into the experiences of New Zealand sex workers", *Australian and New Zealand Journal of Criminology*, vol. 47, núm. 2, 2014

Asociación CATS y Adán, Irene, "Informe 'Las prostitutas hablan de violencias: una investigación cualitativa-cuantitativa con 318 participantes'", Murcia, 2024. https://www.asociacioncats.es/download/investigacion-las-prostitutas-hablan-de-violencias/

—"Informe de evaluación de la 'Ordenanza para luchar contra la prostitución en el municipio de Murcia'", Murcia, 2014. https://www.asociacioncats.es/wp-content/uploads/2018/04/EVALUACI%C3%93N-DE-LA-ORDENANZA-CONTRA-LA-PROSTITUCI%C3%93N-EN-EL-MUNICIPIO-DE-MURCIA.pdf

Barcons Campmajó, María, "Las Ordenanzas Municipales: entre la regulación y la sanción de la prostitución en España", *Revista Crítica Penal y Poder.* núm. 15, 2018, OSPDH. Universidad de Barcelona.

Bernardo Egea, Blanca; Paramés Bernardo, María; y Peñalosa Méndez, María, "Represión y encierro. Análisis interseccional de la violencia en el internamiento de personas extranjeras", Madrid, Mundo en Movimiento, 2023. https://www.mundoenmovimiento.org/wp-content/uploads/2023/03/Represion_y_encierro-Informe_completo-2023.pdf

Briz, Mamen y Garaizábal, Cristina, "Hablemos de derechos, no de goles", *elDiario.es*, 1 de septiembre de 2018. https://www.eldiario.es/opinion/tribuna-abierta/hablemos-derechos-goles_129_2755470.html

Claudia, Alba María, "Profesionales con títulos extranjeros denuncian los retrasos en las homologaciones frente al Ministerio de Universidades", *ElDiario.es*, 2022. https://www.eldiario.es/desalambre/profesionales-titulos-extranjeros-protestan-frente-ministerio-universidades-denunciar-retrasos-homologaciones_1_9624092.html

Comas-d'Argemir, Dolors, "Cuidados y derechos: el avance hacia la democratización de los cuidados", *Cuadernos de Antropología Social*, núm. 49, 2019.

CEAR, Comisión de Ayuda al Refugiado, "El Pacto Europeo sobre Migración y Asilo: retos y amenazas para los derechos humanos", Madrid, 2024. https://www.cear.es/wp-content/uploads/2024/04/Pacto-Europeo-de-Migracion-y-Asilo-retos-y-amenazas.pdf

Cruz Villalón, Jesús, *Compendio de Derecho del Trabajo*, Madrid, Tecnos, 2022.

Deleito y Piñuela, José, *La mala vida en la España de Felipe IV*, Madrid, Espasa-Calpe, 1967.

Farley, Melissa y Barkan, Howard, "Prostitution, Violence, and Posttraumatic Stress Disorder", *Women & Health*, núm. 27, 1998.

—Farley, Melissa, "«Bad for the body, bad for the heart»: prostitution harms women even if legalized or decriminalized" *Violence Against Women*, vol. 10, núm. 10, octubre 2004. https://doi.org/10.1177/1077801204268607

Federici, Silvia, *Calibán y la bruja. Mujeres, cuerpo y acumulación originaria*, Madrid, Traficantes de sueños, 2010.

—Entrevista de Nuria Alabao, "El sexo para las mujeres ha sido siempre un trabajo", Madrid, *Ctxt*, 15 noviembre 2018. https:// ctxt.es/es/20181114/Politica/22841/silvia-federici-el-sexo-ha-sido-un-trabajo-para-las-mujeres.htm

Fleur van Leeuwen y Marjan Wijers, "When Ideology Trumps Rights: The ECtHR's Rejection of Sex Workers' Human Rights in M.A. and Others v. France", *Oxford Human Rights Hub*, 2024.

Fortunati, Leopoldina, E*l arcano de la reproducción. Amas de casa, prostitutas, obreros y capital*, Madrid, Traficantes de sueños, 2019.

Garaizabal, Cristina; Macaya, Laura; y Serra, Clara, *Alianzas rebeldes: un feminismo más allá de la identidad*, Barcelona, Bellaterra, 2022.

García de Dios, Ramiro, "¿Por el mal camino?" en VV. AA., *La prostitución a debate: por los derechos de las prostitutas*, Madrid, Talasa, 2007.

Gavilán Rubio, María, "Delitos relativos a la prostitución y a la trata de seres humanos con fines de explotación sexual. Algunas dificultades en la fase de instrucción", *Anuario Jurídico y Económico Escurialense*, XLVIII, 2015.

Global Alliance Against Traffic in Women (GAATW). "Special Issue - Sex Work", *Anti-Trafficking Review*, núm. 12: https://gaatw.org/resources/anti-trafficking-review/990-no-12-special-issue-sex-work

González Fernández, Tamara, "Desigualdades y discriminaciones de las trabajadoras sexuales migrantes", *Universitas*, núm. 28, 2022.

González del Río, José María, *El ejercicio de la prostitución y el derecho del trabajo*, Albolote (Granada), Editorial Comares, 2013.

Grupo de Estudios de Política Criminal, *Propuesta de regulación del ejercicio voluntario de la prostitución entre adultos*, Valencia, Tirant Lo Blanch, 2010.

Guereña, Jean-Louis, "Los orígenes de la reglamentación de la prostitución en la España contemporánea. De la propuesta de Cabarrús (1792) al Reglamento de Madrid (1847)", *Dynamis*, núm. 15, 1995.

Hernández Oliver, Blanca, "La prostitución, a debate en España", *Documentación social*, ISSN 0417-8106, núm. 144, 2007.

Juliano, Dolores, *Excluidas y marginales: Una aproximación antropológica*, Madrid, Cátedra, 2004.

Levy, Jay y Jakobsson, Pye, "Sweden's abolitionist discourse and law. Effects on the dynamics of swedish sex work and on the lives of sweden's sex workers", *Criminology & Criminal Justice*, vol. 14, 2014. https://www.researchgate.netpublication275490901_Sweden27s_abolitionist_discourse_and_law_Effects_on_the_dynamics_of_Swedish_sex_work_and_on_the_lives_of_Sweden%27s_sex_workers

Linda Porn, Nina y Sudhra, Kali, *Putas migras*, Chiapas/Valencia, OnA ediciones, 2020.

Lombroso, Cesare y Ferrero, Guglielmo, *La mujer delincuente, la prostituta y la mujer normal*, Roma, Editori L. Roux, 1893.

López Riopedre, José, "Trabajo sexual transnacional: consecuencias de las políticas criminalizadoras de la prostitución y de la crisis económica española sobre las trabajadoras sexuales migrantes", *Revista Electrónica de Derecho de la Universidad de La Rioja*, núm. 14, diciembre 2016.

Lorda, Jesús, "Las consecuencias del retraso en la homologación de títulos: «Nos dedicamos a lo que se puede»", *Valencia Plaza*, 2024. https://valenciaplaza.com/consecuencias-retraso-homologacion-titulos

Mac, Juno y Smith, Molly, *Putas insolentes. La lucha por los derechos de las trabajadoras sexuales*, Madrid, Traficantes de sueños, 2020.

Martínez Cano, María, "Violencias hacia las personas que ejercen la prostitución en la región de Murcia", *Revista del Laboratorio Iberoamericano para el Estudio Sociohistórico de las Sexualidades*, 2020.

Molina Montero, Alba, "El régimen jurídico de la prostitución y sus diferentes modelos ideológicos. Crítica penal y poder", *Observatorio del Sistema Penal y los Derechos Humanos*, núm. 15, 2018.

Nicolás Lazo, Gema, *La reglamentación de la prostitución en el Estado español. Genealogía jurídico-feminista de los discursos sobre prostitución y sexualidad*, tesis doctoral, Barcelona, Departament de Dret Penal i Ciéncies Penals, Universitat de Barcelona, 2007.

Prostitution Law Review Committee (PLRC), *Report of the Prostitution Law Review Committee on the Operation of the Prostitution Reform Act 2003*, Wellington, Ministry of Justice, 2008.

Pulido Fernández, Ángel, *Bosquejos médico sociales para la mujer*, Madrid, Imprenta a cargo de Victor Saiz, 1876.

Ruiz, Martha Cecilia, "Laura María Agustín: migración, comercio sexual y la industria del rescate", *Andina Migrante*, núm. 2, 2009.

Sánchez Perera, Paula, *Crítica de la razón puta: cartografías del estigma de la prostitución*, Madrid, La Oveja Roja, 2022.

Solana, José Luis y López Riopedre, José, *Trabajando en la prostitución. Doce relatos de vida*, Granada, Comares, 2012.

VV. AA., "Prevención y tratamiento del VIH y otras infecciones de transmisión sexual para trabajadores sexuales en países de ingresos bajos y medios. Recomendaciones para un enfoque de salud pública". Informe de OMS, UNFPA, ONUSIDA y NSWP, 2012. https://iris.who.int/handle/10665/172798

— "El VIH y el trabajo sexual" [Folleto], ONUSIDA, 2021. https://www.unaids.org/sites/default/files/media_asset/05-hiv-human-rights-factsheet-sex-work_es.pdf

— "Reglamento para la represión de los excesos de la prostitución", [Madrid, Jefe Superior Político Patricio de la Escosura], Imprenta de Corrales y Compañía, Salón del Prado, núm. 8, Madrid, 1847.

Vázquez García, Francisco y Moreno Mengibar, Andrés, *Poder y prostitución en Sevilla*, Tomo II, Sevilla, Universidad de Sevilla, 1996.

Villacampa Estiarte, Carolina, "Prohibicionismo suave para abordar el trabajo sexual callejero: ordenanzas cívicas y Ley Mordaza", *RELIES: Revista del Laboratorio Iberoamericano para el Estudio Sociohistórico de las Sexualidades*, núm. 4, 2020.

— Villacampa Estiarte, Carolina y Torres Rosell, Nuria, "Políticas criminalizadoras de la prostitución en España. Efectos sobre las trabajadoras sexuales", *Revista electrónica de ciencia penal y criminología*, núm. 15, 2013. https://repositori.udl.cat/server/api/core/bitstreams/650ae4eb-6bdc-47dd-bdb8-55cc9500a9a1/content.

LEGISLACIÓN Y JURISPRUDENCIA CITADAS

Audiencia Nacional, sentencia de 23 de diciembre de 2003 (AS 2003, 3692).

Código Penal. Ley Orgánica 10/1995, de 23 de noviembre.

Constitución Española, 1978.

Estatuto de los Trabajadores. Real Decreto Legislativo 1/1995, de 24 de marzo.

Estatuto del Trabajo Autónomo. Ley 20/2007, de 11 de julio.

Ley 34/1988, de 11 de noviembre, general de publicidad.

Ley de Peligrosidad y Rehabilitación Social, 1970.

Ley Orgánica 3/2007, de 22 de marzo, para la igualdad efectiva de mujeres y hombres.

Ley Orgánica 4/2015, de 30 de marzo, de protección de la seguridad ciudadana ("Ley Mordaza").

Ley Orgánica 10/2022, de 6 de septiembre, de garantía integral de la libertad sexual ("Ley del solo sí es sí").

Ley sobre infracciones y sanciones en el orden social. Real Decreto Legislativo 5/2000, de 4 de agosto.

Real Decreto 1435/1985, de 1 de agosto, relación laboral especial de artistas en espectáculos públicos.

Sentencia del Tribunal Constitucional (STC) 62/1982, de 15 de octubre.

Sentencias del Tribunal de Justicia de la Unión Europea (TJUE):

Asunto Adoui, 18 de mayo de 1982.

Asunto Jany, 20 de noviembre de 2001.

Sentencias del Tribunal Supremo (STS):

STS 2517/1981, Sala de lo Social, 3 de marzo de 1981.

STS 7437/2004, Sala de lo Social, 17 de noviembre de 2004.

STS 425/2009, 14 de abril de 2009.

STS 584/2021, Sala de lo Social, 1 de junio de 2021 (caso Sindicato OTRAS).

Sentencias de Tribunales Superiores de Justicia:

TSJ Comunidad Valenciana, 7877/2010, del 18 de noviembre de 2010, sentencia sobre alterne.

TSJ Región de Murcia, 2774/2019, del 04 diciembre de 2019, sentencia sobre dependencia y ajenidad.

TSJ Catalunya, 50/2015, de 18 de febrero de 2015, sentencia sobre centro de masajes.

Tratado de Funcionamiento de la Unión Europea (TFUE), arts. 26, 49-55 y 56-62.

AGRADECIMIENTOS

Sindicato OTRAS
Este proyecto no habría sido posible sin:
- la valentía y determinación de las personas que fundaron el sindicato OTRAS allá por 2018 y todas aquellas que colaboraron en el proceso de una manera u otra.
- la experiencia, sabiduría y coraje de todas las personas que ejercen el trabajo sexual y sufren cada día en primera persona, lo que significa vivir sin derechos.
- las organizaciones y colectivos de trabajadoras sexuales, nacionales e internacionales, con quienes hemos crecido, aprendido y luchado codo con codo.
- todos aquellos movimientos, organizaciones y colectivos sociales que han prestado su generoso tiempo, conocimiento y recursos en apoyar la lucha proderechos. Sabemos lo valioso que es saberse apoyadas y sostenidas.

BELÉN DRAKE
Mi total y completo agradecimiento a mis compañeras de organización que confiaron en mí y me dieron plena libertad para llevar a cabo esta monumental empresa: Conxa Borrell, Joaquín Donaire, Irene Adán, Tigra y Miquel Bibiloni.

A Josune Delgado por haber aceptado este reto y haberlo llevado a cotas que ni imaginábamos al comenzar. Gracias por tu sabiduría, tu paciencia, tu tiempo y tu compromiso.

A María Paramés por todo, sin ti no podría haber logrado ni la mitad ni hubiese aguantado hasta el final. A Jorge Delcura por su temple, sabiduría y compromiso. A las personas de Anticapitalistas por su generosidad sin pedir nada a cambio, por su paciencia y su entrega; gracias por respetar siempre nuestros tiempos y decisiones y haber apostado por lo humano como herramienta de cambio. A Blanca Bernardo por tu cariño, apoyo y disponibilidad incondicional; por tus aportaciones y tu forma de entender la realidad. Gracias al colectivo Libella por empezar a volar.

A la asociación CATS que nos habéis abierto siempre las puertas de vuestro local y vuestras casas y habéis contribuido inmensamente a la creación de este proyecto. Gracias por seguir peleando a pesar de todo.

A Hetaira y Aprosex por ser el referente desde el que partimos y por haber abierto caminos que ahora el resto ensanchamos. Una mención especial a Elisa que siempre ha sido tan generosa y de quien he aprendido tanto.

A mis compañeras: Evelin, Ninfa, Duberneis, Blondie, Amanda, Natalia Quimera, Anneke, Mónica, Linda Porn, Beyonce, Paula Vip, Irene, Tigra, Sabrina, Kali, Rafi, Teresa, Bárbara, Verónica Woolf, Eva, Anabel, Xavi, Lara, Vera, Miquel, Belén Ledesma, Marcela, Laura Lux, Fabiola, Iranzu, Katrina, Luna, Laura, Marta, Miranda, Triana, Nazaret, Olivia, Carolina. Gracias por haber compartido vuestro camino conmigo.

JOSUNE DELGADO

Al sindicato OTRAS por haber confiado tanto en mí, a todes les trabajadores sexuales que me compartieron su realidad y me ayudaron a pensar, y a todas las personas que llevan años defendiendo la despenalización del trabajo sexual y que con su trabajo histórico han facilitado que escriba este texto.

A ama, Cristina García, por embellecer y corregir este informe. A Amaia, Nekane, Emiliano, Belén, Blanca, María, Isaac, Jorge y Carlos por acompañarme en este proceso, y a todes mis amigues por hacerlo más ameno.